汲来江水烹新茗
买尽青山当画屏

将飲茶

杯水之情

✲

叶
婷婷
著

✲

一家茶企的十五年茶事

上海三联书店

图书在版编目（CIP）数据

杯水之情：一家茶企的十五年茶事 / 叶婷婷著.
上海：上海三联书店，2025. 5. — ISBN 978-7-5426
-8823-1

Ⅰ．F724.782

中国国家版本馆 CIP 数据核字第 2025LP0192 号

杯水之情：一家茶企的十五年茶事

著　　者 / 叶婷婷

责任编辑 / 张静乔　钱凌笛
特约编辑 / 丛晓杰　邹　蔚
装帧设计 / 一千遍
监　　制 / 姚　军
责任校对 / 王凌霄

出版发行 / 上海三联书店
　　　　　（200041）中国上海市静安区威海路 755 号 30 楼
邮　　箱 / sdxsanlian@sina.com
联系电话 / 编辑部：021-22895517
　　　　　发行部：021-22895559

印　　刷 / 北京中科印刷有限公司
版　　次 / 2025 年 5 月第 1 版
印　　次 / 2025 年 5 月第 1 次印刷
开　　本 / 889mm×1194mm　1/32
字　　数 / 100 千字
印　　张 / 9
书　　号 / ISBN 978-7-5426 -8823-1/F・940
定　　价 / 98.00 元

敬启读者，如发现本书有印装质量问题，请与印刷厂联系 010-69590320

推荐序　茶事与天道

饮茶事大。单从经济和产业的角度看,茶事(从茶的种植、制作到茶具配置、茶室布置,再到品饮方法和相关礼仪)是横跨农业、工业、服务业,贯通产品经济、服务经济和体验经济的大事。

茶事之大,更在于它直达形而上之"大"。在中国文化中,饮茶作为一种社交方式("见他人")自不待言,它更是一种与自己、与天地相处的方式——独与天地精神相往来,"见自己","见众生"。中国人的生活世界,是一个与茶息息相关的世界——无论是"柴米油盐酱醋茶"的物质世界,还是"琴棋书画诗酒茶"的精神世界。

饮茶之效,虽然不可能简单直接到"一泡涤昏寐,二泡清我神,三泡即得道"的程度,但茶是中国人(尤其是中国文人士大夫)生活中一种神奇的"认知媒介"。

※　※　※

当代认知科学告诉我们,认知常常与特定的具身状态(embodiment)相关,绝大多数认知都是"具身认知"(Embodied Cognition,即植根于身体状态的认知)。认知就是以某种"配置""设备"对外界、外物的"自定义""加工"或"制造"。打个通俗比喻，一个人对世界的认知如同是用特定的相机拍摄出来的图片，图片的状况、品质在相当程度上取决于相机的配置和设置。

要提升和优化人的认知，就需要身体和精神状态持续的修炼、调试、保养。读书可明理，但明理并不只是读书。朱熹提倡"半日静坐，半日读书"，而不是整日读书，就是因为他深切意识到身体和精神本身的"配置""设置""调试"是读书进而明理的前提。

值得注意的是，"静坐"只是"具身状态"之一种，读书也非明理、致知之全部。朱熹的原话是："人若逐日无事，有见成饭喫，用半日静坐，半日读书，如此一二年，何患不进。"

人不可能长时期处于有现成饭吃、"逐日无事"的状态。在常态生活中，人如何致知，如何明理？朱熹的回答是——"格物致知"。

※ ※ ※

"格物致知"是中国哲学贯通始终的课题，朱熹明确地将"格物"解释为"即物"，也就是真切地接触、感知一物又一物。致知是长期的过程，"今日格一物，明日又格一物，积习既多，然后自有贯通处"。用我们今天的话说，就是"数据积累""跑数据"。在朱熹看来，人所要"明"的终极之"理"，是"唯一"之理，但唯一之理又可以在万物中遇见。千江有水千江月，千江之月又都出自天上的唯一之月（"理一分殊"）。格一物如同见一江之月，是阶段性的"致知"，持续的格物，最终得以实现最终的"致知"。所以"格物"是"明理""格物"的必要的门径。

以朱熹思想为"靶向"建立起来的阳明心学，对"格物致知"给出了看起来完全相反的解释。王阳明把"格物致知"定义为格（去除）物欲，致（抵达、获得）良知。心本是一面"理"和"知"自足的明镜，要致知、明理，无需"今日格一物，明日又格一物"的向外求索，而只需将污损、障蔽明镜的"物"（"物欲""私欲""心中贼""心中八毒"）去除，昏昧无明之心自然能重新成为"明心"（明镜）——这才是明理、致（良）知之正道。

通俗地说，阳明心学，就是关于心如何——本来就是一面"镜"，同时又如何被杂质、污渍所染所蔽，以及如何"磨镜"、让心之"明镜"重见天日的学问。所谓"致知"，无非"磨镜"，心之镜磨（行）到什么程度，就意味着明净到什么程度，知到什么程度，所以"知行合一而并进"。

※ ※ ※

心是看不见摸不着的，如何能磨？答案是：只能以一种"曲线"的方式来"磨"——在事上磨。如阳明所言："人须在事上磨练，做功夫，乃有益。"这是一种我们现在称之为"反向驯化"的方式。"人磨墨，墨磨人"——人在磨墨的同时，"磨墨"这件事反过来打磨人的心智。

研读阳明心学你迟早会有些惊异地发现，反朱熹之所道而行之的阳明心学，暗含着一个出人意料的反转——始于心外无物、反对"格竹子"式的"即物穷理"，最终又回到了"事上磨，物上练"。朱熹和王阳明对"格物致知"的解释和界定看似背道而驰，但最终不自觉地、出乎意料相遇于"即物穷理"，"在事上做功夫"。

王朱之学，初读顿感殊多相违、相悖之处，细读便有殊途同归之感。倘若朱王二人穿越时空，共赴一场新的鹅湖之会，不在众人面前树旗帜、亮立场，而是静坐于茶席前，同饮工夫茶而论明理、致知的功夫，他们很可能相视默契而笑。

"道"是深远莫测的，否则与街谈巷议、浮皮潦草之论何异？朱熹将《尚书·大禹谟》中十六字——"人心惟危，道心惟微，惟精惟一，允执厥中"——提取出来，后世儒者奉之为"真传"，尽显道之远，得道之难。但"道不远人"（"人之为道而远人，不可以为道"）同样是儒家古训。

道之远与近,以及如何让道由远及近,是一个由来已久的话题。子贡的比喻和解读颇为生动。他把自己对道的表述比作齐肩高的墙,所以易懂,而老师孔子的表述如同高达数仞的宫墙,普通人不得门而入,不见宫墙内的宗庙之美。

这本来是子贡的自谦和对孔子的赞美,但也让普通人不得不想一个重要的问题:我们如何得见"宗庙之美"?如何"得其门而入"?借佛家的话说,我们如何找到通向道的"方便法门"而不是望数仞之墙而兴叹?

※ ※ ※

一个可选的答案是——由茶入道。

"技可进乎道,艺可通乎神",近代学者魏源的这一思想,可谓渊远流长,可追溯到庄子。在庄子眼中,进乎道、通乎神的,竟然是些地位卑微的工匠和手艺人——直不起腰但能用竹竿盲捕树上知了的老人,将一根木头做成车轮的木匠……尤其是那个魔法般迅速地剥下牛皮,十九年用一把刀而刀刃常新的庖丁。"以神遇而不以目视",把本来有厚度的刀刃游走于本没有间隙的皮与肉之间,并且"游刃必有余矣"。庖丁解完牛之后的那句话,成了后世"以技进道"理念的滥觞——"臣之所好者,道也,进乎技矣。"

回头看,十六字真传表达的首先是由"人心"而"道心"过程和境界。"惟精惟一,允执厥中"是目标,也是在达致目标的艰难历程。"技"("艺")的练与练就,都是由粗砺而精纯,由杂多到专一,由偶成到恒常("允执厥中")的过程。正是持续不断地在事上练、物上磨的过程中,精、一、中得于心,应于手。应于手者,谓之艺(技),得于心者,谓之道。从茶技、茶艺到茶道,就是"道也,进乎技矣"的过程。

张岱的名篇《闵老子茶》记载了他与闵汶水斗茶时,双方展现出对于茶、水令人屡屡称奇的认知和技能,让我们感受到茶文化的博大精深的同时,也感悟到什么是"格物",以及"格物"何以"致知"。

古人言"喫茶",今人说"喝茶"。喫者,以口契之也;相比于牛饮般的有口无心的"喝茶","喫茶"就是茶水与味蕾相遇时精微的契合。"喫"与"喝"之别,折射出饮茶时的感知的精一与粗放,道心与人心。

被解释为"人在草木间"的"茶"字,如同"藥"(药)字,包含颇有意味的象征和启示。"藥"是一种媒介,让人通向"樂"(乐);茶,让人融入草木间,在种茶、采茶、制茶的过程中格物致知,即物穷理。饮茶,则远远超越了润嗓止渴的生理需求,它能开启心流,涤除人心,渐近道心,进入"致广大而尽精微"的旅程。

※ ※ ※

通过茶，中国人生活的物质世界与精神世界勾连千年，茶作为精神性饮品是长期未被强调的隐传统，最近半世纪更像是被遗忘了，此一传统需要接续，这是上文要略。

现代日本料理是在明治维新时期基本成型，1970 年代因经济发展逐步被外界认知，世纪之交随着全球化和日本政府的有意推广（2013 年 "Cool Japan*" 战略）终于成为继汽车、家电与游戏动漫之后的新符号。过去二十年是中国茶全面复兴（或重新扎根）的二十年，也是茶这一古老事物在它的原产地第一次全面现代化——从茶的种植技艺、器物的发展，到冲泡品饮方式的精细化，如果说有什么在未来可以成为中国的新符号，"现代的茶" 会是重要选项。

福建有着从未中断的饮茶传统，是完成中国茶复兴的中心之一，熹茗侧身其间，面向茶事 "格物致知" 十余年，《杯水之情》是他们对这个古老问题的新答案。

吴伯凡

---

* クールジャパン，即 "酷日本" 战略。

《武夷山名胜图咏》[明] 徐表然 絵描

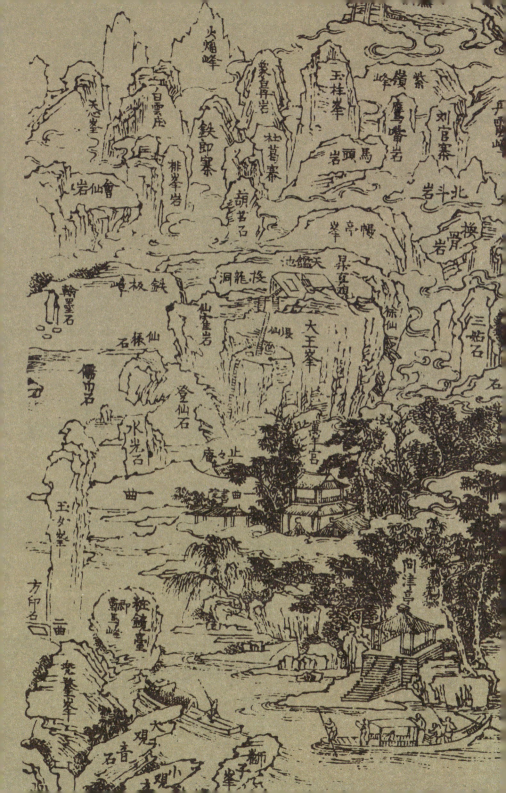

自 序

要写一本书，我心里其实是惶恐的。

小时候长辈的教导里，文字是神圣的，写着字的纸片也是不能随意丢弃的，我从小到大的课本、试卷、作业本，直到现在还被妈妈好好地收在建瓯老家二楼的一个木箱子里。这个"惶恐"大概来源于要写自己的故事，总会带着一点莫名的"羞耻"，我觉得自己并没有什么值得称道的成就，熹茗也并不是什么成功的大企业，这些故事和内容，对读这本书的人，能带来什么价值？写作途中我一次又一次地问我的编辑景雁：真的会有人要看么？

或许它并不是写给别人看的，更多是出于一种内在探索和整理的需要，赶了那么久的路，是时候停下来，完成一次真诚的看见——与自己、与熹茗。

过去很长一段时间我给自己贴的标签是：数学很差，不会算钱，不擅长与人接触，根本不可能做好管理。

在从打工人变成"老板娘"，再到企业的经营者的这数十年间，一开始是因为"不得不"……如果不去探索，企业就没有出路,员工的工资发不出来,只能每个月东拼西凑地借钱;如果不去面对,企业就死掉了。所以硬着头皮也要上。

而面对的第一步,是真实地看见自己,承认自己的各种不足,看见自己的边界,然后你才有可能立在一个实处,去学习成长。有几年"不得不"每天加班到凌晨,没时间顾家顾孩子,看到孩子老师的来电会头皮发麻,面对孩子们的时候心里也常怀着愧疚,作为一个女性,你需要回答诸如:你是如何平衡家庭和事业这一问题?这一切相加会让你觉得创业真不是人干的活,太苦了,如果不是因为没有退路,这个日子根本过不了一点。

可是不知道从什么时候起,"不得不应对"开始转变成"越来越擅长"。

回想一下大概是找到一种——通过完成自己来完成世界的办法,这背后的逻辑是:如果你相信,这个世界具有一体和同构性,那么只要你处理好自己,更大的问题就随之解决,企业自然也就好了。转念就是改命,于是企业成了我的道场,经营成了最好的修行,每一天堆在你面前的难题,横在你脚下的坑洞,都是进步的空间,你的每一个选择和决策,都是对自己的一次深度认识和思考,就这样,和自己玩起来,特别是当经营结果有了正反馈,就越来越享受,也越来越擅长起来。

2019 年去复旦读 EMBA，面试的时候，考官问了我一个问题：你怎么去应对商业道德的难题？

我似乎从来没有觉得这是个难题，难么？当你总在诚实面对自己，只问对错，不问得失的时候，就成了天下最简单的题。同样的用这种简单的方式，一以贯之的，我们做出了对企业影响深远的决策，也用来处理遇到的各种不管是人的管理还是事的经营上的各种难题。

小时候是贫困的生活让我给自己贴上了各种标签，长大以后是困顿的经营让我有机会一层一层撕去这些标签。

其实我常常心怀感恩，能有一份茶的事业，并在企业创立的初期一系列失败就接踵而至：2010 年遭遇资本投资模式的失败，2010-2011 年迎来茶会所模式的失败，2013 年第一次开启店铺加盟就失败，2014 年员工合伙店模式的失败……有一种关于战略的定义是：战略的本质是取舍，但因为人性是贪婪的，如果你用肯定式来定战略，到最后往往是这也想要那也想要，等于没有做出选择，好在我们一开始经历的是一系列的挫败，这些失败让我们清楚地看见了自己的心——不想要什么，那些对企业今天乃至未来影响至深的理念，就是在这些废墟里闪着光的东西，比如：一定要让加盟商赚钱，无论任何时候都要回到茶的本质，还有我们的经营理念：“正心修身、成人达己”。我们在想明白这八个字之前，就先这么做了，然后才用文字总结出来。理念和战略，于我们的管理实践而言并不是凭空想出来的，是做出来的。

“正心”与“修身”来自《大学》中的“修齐治平”名句的一部分：“欲修其身者，先正其心”讲一切的起点与初心的重要。“成人达己”来自《论语·雍也》一篇的末尾，“夫仁者，己欲立而立人，己欲达而达人。”夫子讲仁之方的正命题*，反过来是“己所不欲，勿施于人”的反命题，这两个命题讲仁恕，希望人们“以他人之心为心”。

《大学》与《论语》加上《中庸》《孟子》在南宋由朱熹合编注释，被确立为“四书”——《四书章句集注》，朱熹在光宗绍熙元年（1190年）首次刊刻，绵延至今影响后世。这是我们可以追溯的最悠远的一重联系，1949年（民国三十八年）我先生老朱的爷爷朱仁生修《松源朱氏宗谱》时，他不会知道世纪之交老朱会进入茶行，2007年老朱开始经营福建最早的岩茶专营店时只知道他们家祖辈在做茶，2010年我们推出“修身四大名丛”被广泛认可，深究之后才意识到这么深的伏笔，作为朱熹的后人这也许是冥冥中注定的事。

---

*王曦，《论语绎读 卷一》，620页，广西师范大学出版社，2022年。

熹茗是我另外一个孩子，借由把它生出来，以离开为目的的养育，我完成了从认知到行为上的转变，不管是我，还是熹茗的成长，都是一次出走，走出别人固有眼光，走出行业固有模式，在磕磕碰碰中，在别人的不解和怀疑中，踏入未知，走上自我完成之路。

与其更好，不如不同，如果有什么是你能做的，别人做不到的，全世界也只有你才能做得最好的——就是做自己！

杯水之情，是对过去的回望，也是一次向内的探索和整理，把我们这群人十几年的工作和人生经历的心得留下，然后继续赶路。行文至此浮现出一段话："我不想故作潇洒，只想活得真实，就像无拘无束的风，在时光里轻盈地走。既不是标榜，也没有解释。"这么想来，惶恐似乎随风消散了。

是为序。

叶婷婷

第一部分
重新发现茶

在宋代茶都长大

第 一 章　　游 进 茶 的 深 海

这是属于我个人的关于茶的遥远记忆，也是我正式进
入茶行业前的个人史。

随着年龄增长，我慢慢认识到，对一个福建人来说，茶
就是生活。

叶婷婷出生在福建北部的一个小山村，福建省南平建瓯市迪口镇霞庄桥头自然村。

我是从小穷过来的。

出人头地，这四个字一直沉甸甸压在我身上。

我出生在福建北部的一个小山村，福建省南平建瓯市迪口镇霞庄桥头自然村，每次跟人提及我的家乡，几乎没人知道。这是个很穷很穷的村，而我爷爷是这个穷村子里最穷的那个人。他有个外号，叫"破裤"，就是穷到没有一条完整的裤子。我妈和我爸爸当年自由恋爱，要跟爸爸结婚，遭到了外公的反对。外公对妈妈说，你要是嫁给他，我宁可把你丢去池塘里喂鱼！可总归爱情的力量是伟大的，隔壁村的妈妈嫁给了爸爸，成了一家人。

爸爸是爷爷唯一的儿子，爷爷是个孤儿，三代单传，在我们农村，男尊女卑的观念仍顽固存在，传宗接代接续香火是比天大的事情，所以到了爸爸这，无论如何必须得生个儿子。我是家里第一个孩子，是个女孩儿，妈妈于是怀了第二个孩子，结果很"不争气"的还是女孩。

在20世纪80年代，是独生子女光荣、抓计划生育最严的时候；为了要一个弟弟，爷爷被抓进牢里，祖宅被强拆了，妈妈大着肚子带着我们躲到更偏僻的乡下，最后一路又从小村子逃到了南平城郊。直到后来，妈妈生出了第三胎，谢天谢地终于是男孩。

从小的印象里，生活是很艰难的，刚开始到城市爸爸只能在搬运队打零工养活一家五口，再后来我们开始上学，开销更大了，就尝试着做起个体养殖，养猪、鸭、鸡、兔子 ... 作为家里长女，照顾弟妹，课后回来的家务活，是自然而然天经地义的事。大概也因为是长女，对于爸妈的艰辛，我总觉得有一份责任，如果不是因为我们，也许他们不用过那么辛苦的日子。所以总想着怎么能让爸妈开心一些——更努力读书考好成绩，分担更多的家务，更听话……现在回想起来，身体和心理的担子，在八九岁的时候就自己给自己背负上了。

有没有一些惬意的时刻？有！每年暑假回农村老家：可以做回小孩子，每天只管去河里、田里野，捞鱼摸虾，捡田螺捉泥鳅，弄一身泥也不怕，要不就去村尾王老头家的菜园，偷摘葡萄和李子吃，被他发现，一路撵回家，跑得上气不接下气，从灶头粗陶瓦罐里倒一碗茶，咕嘟咕嘟喝下……

虽然现在的我喝过各种名贵的茶，但始终记得小时候那一口茶汤的美味，无可比拟。

并没有什么讲究的工艺，只是村里家家户户散种的几棵茶树，春天里发芽，乘着清明谷雨的时节摘下来，在炒菜的大铁锅里用翻炒几下，晒干了收起来，你凑近一闻，茶叶的清香里甚至隐约还带着一丝菜油味儿，每天早晨奶奶做饭烧水的时候，顺手泡上一大罐，男人们上山干农活前灌上一壶，太阳下山归家后喝上一碗。

柴米油盐酱醋茶，这就是好像从来没变过的生活。

简单的一碗茶，并没有特别的意义，却作为童年最珍贵的记忆片段，一直鲜活地存在在那里，变成一个背景，不曾被提起。

直到遥远的若干年后，我入了茶行，翻茶书读到蔡襄的《茶录》，名冠天下的龙团凤饼才猛然发现：建瓯，我的家乡，旧称建州府，宋代茶都，范仲淹的"北苑将期献天子，林下雄豪先斗美"，苏轼的"从来佳茗似佳人"，陆游的"建溪官茶天下绝"讲的都是家乡的建州茶，而建州北苑凤凰山一带方圆 30 里的茶园，至五代闽国时献给闽王，成为北苑御茶园，建茶也作为"天下之最"持续上贡历经五代，闽国 / 南唐、宋、元、明、清，辉煌数百年。

历史上最爱茶的皇帝宋徽宗赵佶在他的《大观茶论》写道："本朝之兴，岁修建溪之贡，龙团凤饼，名冠天下。"他以一己之力带动了整个朝野的斗茶文化，为观"云脚""乳花"一样的洁白沫浡，下令在建州开建窑烧制铁胎黑釉皇家御贡的建盏，后来点茶文化随着来宋朝学习的僧人东渡日本，建盏也成为了日本的国宝天目盏。

当时的我，完全不知道家乡还有作为茶都辉煌几千年的这一段历史。作为建瓯乡下一户穷人家的孩子，干活和读书是我生活的全部。唯一的念想，就是快点放暑假，可以回到我魂牵梦萦的老家。

福建为多山地形，红壤富营养，亚热带季风气候，水资源丰富，共同孕育出优质茶叶。

泡茶是福建人的工作技能

在福建，我们接触茶的机会要比其他地方多一些。

茶是福建的日常。不仅作为饮品，更是一种根深蒂固的生活方式。

大四那年课业渐少，我兼好几份职，其中一个是项目公司的老板助理。有天准备商务接待，老板在茶台上摆开功夫茶具，问我会不会泡茶，我摇头说不会，他惊讶地看着我，眼睛里的神情分明在质疑：你出来工作，居然连茶都不会泡？那天我第一次知道了"会泡茶"是一个福建小助理理所当然应该要掌握的工作技能。

茶，从食饮日常的生活，跃居成为和办公软件一样重要的存在。

好在 IT 公司的面试里，没有泡茶这一项考试，毕业以后我作为储备干部进了当时人称"小 google"的网龙公司，一个崭新的世界在我面展开。有很多东西可以学，有很多事情可以做，我恨不得在这里扎下来根来，像植物一样，打开全身的每个细胞，肆意生长。人生第一次我感觉到自由和由衷的快乐，在每个加完班回出租屋的夜里，望着城市车水马龙，憧憬着什么时候也能在这里有一盏属于自己的灯火。

就在生活变得越来越好的时候，不出意外的的话，意外就来了。

2010 年，父亲突遭车祸，去世了，那年我 24 岁。

在此之前，我从未经历过生死，第一次面对，便是至亲并以如此惨烈的方式，我们甚至都没来得及告别。处理完父亲的后事，我大病了一场。再回到职场的时候，看似一切没变，但只有我知道，我的世界里有一些什么坍塌了。

就在那时，一个相识的姐姐邀请我去帮她打理一个茶馆。

在生命中的某个节点，遇到了难以承受的事情，大概需要有一个空间，将它先封存起来，留待时间慢慢消化。一家茶馆，似乎是命运抛给我的橄榄枝，我不知道茶是否能修复我，但在我的内心，有一个声音，或者说这是中国人的下意识：茶是一种特殊的、能让人静心的东西。于是，我向公司递交了辞职申请，搬家到茶馆所在的小村子。这个村叫"华侨新村"，是五六十年代的归侨在福州城里的小聚落，茶馆就在其中一栋老洋房里。

茶馆平时客人不多，员工更少，日子过得简单且安静。有人来的时候，接待，泡茶；没人来的时候，打扫，读书。

在被烫了无数次手之后，我终于正儿八经学会了泡茶。在茶馆里学泡茶，有得天独厚的优势，茶客们就是老师。他们随身揣着各种茶来交流、访友、会客，我听他们聊茶、聊生意经、天南地北。来的客人每一位都是意见领袖，每一位对自己带来的茶都非常自信，拍着胸脯说他的这泡茶如何如何好，如何如何贵，如何如何稀有难得，拿了什么斗茶比赛的状元金奖。我也常常被"考"问：你觉得这个茶怎样？喝出什么品种了？值多少钱一

父亲的去世成为叶婷婷人生的一个转折点。

斤？喝出什么香了？品出什么滋味？也有客人故作深沉地说：你一个小姑娘，年纪轻轻的哪里懂什么茶！茶的品种、好坏、价格、传说、谬误，各种信息……像泥沙俱下的大浪，把我拍进茶的深海，而我不会游泳，也没有辨别能力。有很多好奇，但更多疑问。

为了应对时不那么狼狈，我开始读茶书。追根溯源第一本是唐代茶圣陆羽的《茶经》，结果不看不知道，看了更迷糊——我接触的茶和书里写的茶好像完全不是同一种东西。顾渚紫笋是紫色的么？龙团凤饼是建瓯著名的贡茶，为什么身为建瓯人的我从来都没听说过？采之、蒸之、捣之、焙之、穿之、封之又是怎么做的？把茶叶蒸了捣了洗榨后还有茶味剩下么？真的有人能区分泉水、江水、井水的差别么？一脑门子的问号。读了好几遍，只记得"茶者，南方之嘉木也""上者生烂石，中者生砾壤，下者生黄土"那些耳熟能详的句子。《茶经》里的一切，离我太远了。我没有办法进入那个历史场景。

仅凭想象，仅靠思维，很难学会茶。

读《茶经》的窘迫，让我更想找到一切机会，去解开那些困惑。

我一头扎入茶的深海，没有教练，没有标准，人人都是"权威"却又没有公认的权威，关于学茶这件事，我想要有一张学习地图，有一个更系统性、脉络清晰的学习体系，就像我们上完幼儿园后有小学之后是初中，可以按图索骥、从容进阶。后来我接触到很多爱茶的人，不管是茶客还是茶业从业者，也有一样的学习需求和渴望，我也曾专门去走访过茶学的专业院校，但我心目中理想的学习系统直到今天也没有遇见，我想将来我一定要建一个茶叶学校，让学茶这件事情清晰、简单。

学茶，越学越深入，却越不敢说自己懂茶。然而对茶的喜爱却与日俱增，茶，不管是作为饮料在物理层面色、香、味等各种层次的感官体验，还是做为文化天然载体的茶俗、茶诗、茶歌直至茶禅一味的精神探求，无一不美。有人说中国人的血管里除了血液之外，流着两滴水，一滴是墨水、一滴是茶水，仿佛血脉基因的觉醒一般，茶的深海，我沉迷其中，除了一样——卖茶。

在茶馆的客人之中有一类是同行，他们也在做茶叶经营，但不是单体的茶馆或是茶会所，而是更商业化的茶企，有更多产品品类、更多经营维度。几位茶企老板偶尔来茶馆喝茶聊天，往来之间发现了我对茶的热爱，又看我勤恳踏实的样子，有好几个工作机会抛了过来。其中一位带了本书送给我——冈仓天心的《茶之书》，他告诉我，他有一家新创立的茶企业，500平米的新店刚开张，会有很多学习的机会，问我要不要去当店长？

这个企业叫熹茗，而这个人，是我后来的先生——老朱，朱陈松。

偶尔停下来回望人生，我发现很多时候仿佛是命运的推手使然，包括出身，包括父亲的离开，包括遇见老朱，来到熹茗。

2006 年国家取消茶叶出口配额管理，2008 年，北京奥运会开幕，尝试将茶文化推向世界舞台，"和"与"茶"两个汉字成为了中国向世界递出的一张名片。美国的次贷危机成为我国的机会，经济蓬勃发展，中产崛起，2009-2010 年，智能手机和移动互联网开始普及，关于茶的知识在社交媒体上快速传播，完成了全国范围茶知识的普及，2010 年这一年，中国茶叶产量持续增长，茶园种植面积达到 186 万公顷，占世界茶园面积的 50%，茶叶产量占世界产量的 31%。除了传统的绿茶、红茶、花茶之外，中国茶的各大茶类，都在大众视野中陆续登台。

我赶上了中国茶的一个重要历史节点。

拯救流连寺院的失怙女孩

老朱常开玩笑说，是他从村里"救"了我出来，若不是他，我现在也许在某个寺院里出家了。

大概因为无法消解生命无常的苦，在茶馆工作的时候，我常常去寺庙，拜佛读经做义工，或者什么也不干只是待着，把假期积攒起来去打禅七。茶馆客人们都觉得我游离于这个时空和周遭的人群格格不入，是个不合时宜的村姑，有人索性叫我"狐仙"，老朱说我是不食人间烟火的文艺女青年。大家仿佛都有一种责任：要拯救这个流连寺院的失怙女孩。

我初次见到他时，并没有特别的感觉，在我眼中，他们都是老板，是我得招呼好的客人。老朱告诉我，他记得第一次见我的样子，穿一件橘色的大衣，阳光洒在我当时还带一点婴儿肥的脸上，红扑扑的。第一次对我印象深刻，是带他母亲来茶馆那次。

武夷山经过亿万年地质运动化为火山砾岩、红砾岩及页岩组成的碧水丹山，成为最适宜武夷岩茶生长的独特沃土。

朱妈妈吃素，老朱带她去附近的一家素菜馆用餐，饭后拐来喝茶。我挽着朱妈妈在茶馆四处参观。朱妈妈年纪大了，不太会听说普通话，我特别用力的土话洋话一起上，连比划带猜地和她沟通。在我的家教里，尊敬长辈是一件再自然不过的事，但老朱说，"那天，我被你深深打动了。"

或许是源于此，老朱挖我去他刚开的茶叶店——熹茗华林店当店长。

福州作为福建的省会，饮茶之风极盛，一条街上鳞次栉比各种茶叶品牌茶叶店，大都门面不大，几个货架满满当当，各色茶叶礼盒整齐摆着，一两张茶桌，三五人坐一块儿喝茶，一喝就是一下午。

华林店之所以叫华林店，是因为它开在福州最中心的地段——华林路上，有 500 多平米的面积，不同于当时任何一家茶叶店，华林店请了专业的室内设计师参与设计，十几米长的门头，敞亮开阔的门脸，一枚一枚汉字印章纵横连成吊顶象征着中国 5000 年灿若星河的文明，进门迎宾台后的琉璃影壁竹影斑驳，一条取意于苏博的幽长走廊串起十个独立包厢，包厢以大学八目命名，以鲜活的竹林隔断，保证私密性的同时又生出了文人意境，一个人在其中喝茶时会让我想起王维的"独坐幽篁里"。大厅的货架上除了茶叶，还有专门的茶具陈列区，侧厅则是一个小型的会议室。当时还完全没有"茶空间"这个词，现在回头看，华林店就是一个打破了"店"的概念，集商品陈列、销售、顾客的品饮、社交、会议等多重场景的"茶空间"。

如果说李瑞河先生从台湾带来了天福茗茶，打破传统柜台售卖的茶叶业态，让茶客可以在茶叶店里坐下来先体验后买茶，那么熹茗又往前推进了一步，把茶店经营的根本从茶转移到了人——茶客上，他们的需求不只是茶，还有杯水之间的情感流动和交互，而"空间"作为容器，其文化、意境、审美就显得尤为重要。现在看来，2010年的华林店打破了茶行业的传统业态，重新定义了茶叶店。可以说，熹茗在福州真正开创了"茶空间"的概念，这大概是熹茗最早对茶行业的小小贡献。

当我第一次走进这个店铺，我与熹茗的故事也就此拉开帷幕，到如今正好十五年。这也是我与茶的故事第三个篇章的开始——小时候以茶解渴、在茶馆以茶为生、到熹茗以茶为业。

熹，字义光明，字形又如燃火煮茶，更是儒学集大成者、理学大家朱熹的名字，以熹为名，誓要干一番光明远大的茶事业。

老朱说入了茶行的，很难再出得去，以后拜我为师好好学茶吧。但老朱失策的是，他找的这个店长，完全不懂卖茶。

武夷岩茶工艺之炭焙。

茶是很神奇的事物，常常一做就是一辈子，甚至是几辈子。

老朱至今入行 30 余年，他的爷爷、爸爸和他自己，三代人的经历构成了中国茶行业从业者的缩影。

朱家是朱子后人，也是茶叶世家。朱陈松的父亲朱步泉先生，被大家称为"茶痴"。

族谱里传下来的茶基因

老朱祖籍松溪，家里世代做茶。

松溪，地处福建北部，武夷山麓东南侧，古时因沿河两岸多乔松，有着"百里松荫碧长溪"之美称，因此得名"松溪"。《建安志》中记载："闽之山水，闻于天下，建郡之松溪又甲于闽中"。因生态极好，松溪自古以来就是茶乡，老朱从小在茶山里长大。

老朱家里排行第四，上面有三个姐姐，小学时候爸爸在松溪国营茶场当场长，当时场里主要生产出口的茉莉花茶，伏天盛夏，茉莉花开，姐姐们要到茉莉田里帮忙采花窨茶，他因为是老小，又是男孩最受家人宠爱，所以他记忆里没有苦差事，只有微风里，茉莉花田摇曳出的茉莉花香。

20 世纪 80 年代，松溪茶叶单产和品质跃居全省前茅，被誉为"茶叶状元县"，1981 年省茶叶工作会议在松溪召开，省委书记项南评价"南有安溪、北有松溪"，松溪茶产业被大众熟悉。这一成绩的直接参与者就是朱爸爸——朱步泉先生。

朱步泉先生是个传奇，被称为"茶痴"。

爱茶这件事，是朱家的传承。朱步泉的父亲朱仁生，17 岁就以卖茶叶和土特产为生，当时战火频仍生意并不好做，但却意外养成爱喝茶的习惯。进入新中国后，这份习惯，变成了对茶的热爱和精通。60年代北门村成立茶叶队，因朱仁生精通茶叶贸易，又爱喝茶，被编入茶叶队开荒种茶；1965年该村建茶厂，又被推选为技术操作工，专司杀青、揉捻等技术活，直至1979年因年届六旬才停止。朱家爱茶的传统正是从朱仁生开启，从此代代传下。

朱仁生少年失怙，没读多少书，据儿孙们回忆，他是个很有家族观念且正直细心的人，做事尤其认真，言传身教，这些性格后来也影响了他的子孙。新中国成立那年，朱仁生30岁，他特意重修了家谱，并以此告诫后代：我们是朱熹后人，朱熹是什么人？那是朱子，我们武夷山出来的圣人。《朱子家训》中写道："诗书不可不读，礼义不可不学"，做人做事要有规矩、认真。朱家的后人们将此家风一直秉承至今。

朱步泉从7岁开始上学，大概是班级里最小的学生，也是个子最矮的学生，却是班级里最聪明的学生。"从上学开始，从来都坐第一号，没坐过二号，学习成绩也是一样。"每每说到这里，朱老爷子是一脸自豪，但因为父亲曾当过保长的关系，在"文革期间"被批成右派，那个年代家庭成分不好，即使成绩再好也无法接受高等教育，初中毕业的时候，爱茶的父亲说报考茶校吧。1960年，朱步泉14岁，以优异成绩考入了福安专区茶叶技术学校。

1960年是个特殊的时点：国内多艰，国际上也不安稳，美国持续往越南派遣军事顾问，总统艾森豪威尔任内访问台湾，台海局势全面升级，10月我国与古巴建交，年底越南南方民族解放阵线成立，要推翻美国在越南南

❙ 清末民国是中国茶叶的衰退期，茶叶出口受到印度和日本等新茶区的竞争影响。

部的统治,新一任总统肯尼迪上台,距离美国大规模参与越南战争只有一步之遥⋯⋯

正是在这一年,"茶界泰斗"张天福先生于1935年创办福安茶校重新开始招生,朱步泉就是复课后的学生。

当时的校长是林桂镗先生,他是我国著名的农学家、茶学家,时任福建茶研所所长兼茶校校长,对于一个地区级的技术学校,这是很高规格的人才配置。林桂镗先生一边在茶研所的试验茶园里做种植和工艺研究,一边进行茶学教育。茶研所所长当茶校校长,研究员同时是老师,把实践和教学做了很好的结合。

张天福、林桂镗这一代人,长于战火纷飞的时代,茶叶是羸弱中国最重要的出口产品,他们把茶产业当成了救国之路,想培养出新一代的茶业人才。

到学校的第一天,林校长在开学典礼上开宗明义:"茶叶一身都是宝,既有利人民健康,又能带动人民致富。希望你们学有所成,为家乡人民做贡献。"这番朴素的讲话,朱步泉60年后还能一字不落地立刻复述出来,他觉得这是冥冥之中的使命,从爱茶的先祖朱熹、让自己学茶的父亲、到创立这所学校的张天福先生与林桂镗先生,再到刚刚入学的自己,都在为中国茶努力。

这所学校虽然是福建省茶叶研究教育的最高机构,但福安非常偏僻,又属于困难时期,茶校是勉力维持教学,学生们填饱肚子都有问题。

学校在茶研所里，茶研所的试验茶场成了他们的研学基地，配套有一个茶叶初制厂，每年生产100吨茶叶，等于2000担，绿茶、红茶、白茶、花茶、乌龙茶都有生产，这些茶类都是必修课。上午理论学习，下午就去实践做茶。朱步泉半工半读的求学日子开始了。

来念农校的学生，多数都是农村孩子。朱步泉选择茶校是因为家里成分不好，"大学我们念不成的"，父亲喜欢茶，他心中也亲近茶。起早贪黑，学得格外起劲，他保持了一贯风格：个头最小，成绩最好。

可惜的是两年后，校方经费短缺，校长林桂镗先生有了国家任务：他被选派出国，担任援助马里共和国农业专家组组长，后来又帮助阿富汗开展种茶事业。

茶校办不下去了，朱步泉只好被迫毕业回到家乡。幸运的是正好赶上松溪的茶业发展的新时期，松溪县委响应领袖号召：山坡上要多多开辟茶园。要求全县人民"苦战三年，实现每户一亩茶"。正缺他这样的科班人才，他在县里茶叶部门领导的关照下加入了城关茶叶站，成为了茶叶技术辅导员——虽然因为成分问题没办法成为正式职工，但终于干上了喜欢的专业工作。

"有些事情是这样子的，人生是一个轮回，坏事有时候也能成好事。那时候都是集体经济，不允许个人种茶，没有其他出路，不好好在茶叶站干，那就没有容身之地了。我那个时候因为一直无法转正，就更加要去争取、去努力工作，不然我在学校学了这么多东西都浪费了。"

白天种茶、育种、垦荒，晚上兼任会计，记账算账。朱步泉怀揣着学以致用的热情，努力为家乡的茶产业发展贡献着自己的力量。

凭借这份坚韧，作为骨干技术人员，朱步泉参与了茶山管理到茶叶生产的大大小小各种事情，从茶树繁育、栽培、病虫防治到制茶的每个环节上都下了不少功夫，对茶、松溪都有了更多的深入认知，逐步对产业有了自己的认知。

1979年"文革"结束，在建阳地区招干考试中，他以第二名的成绩被录用为茶叶技术员，成为了一名国家干部，多年压在身上的成分阴霾一扫而空，朱步泉干劲更足了。在建阳地区农业局种畜场工作的时候，他发现种在沙地里的水仙品种有"芽旺"的特征，适合制作绿茶、白茶与乌龙茶。于是根据市场需求，他调整生产，春制绿茶，夏秋季制作乌龙茶，让种畜场的收入翻了一番多。接着，又为单位开垦100亩高标准茶园以提升品质与产量。调回松溪工作后，被安排在县委办政研室。短短一年，他写了7篇调研文章和一篇论文。《茉莉高产株型研究初报》在《茶叶科技简报》发表，被业内专家重视，科学种植茉莉花得以推广，为松溪县花茶生产打下基础，也成为了朱步泉起家的本事。

1984年，国家出台《关于调整茶叶购销政策和改革流通体制意见的报告》取消计划供应，全部放开茶叶市场。这是改革开放以来对中国茶叶行业具有深远意义的政策，造就了今天中国茶叶行业民营经济占主体的现状。

就是在这一年，朱步泉接任了国营郑墩茶场场长。郑墩茶场原是省里的"老大难"企业，安置了福州知青182人。朱步泉新官上任三把火，凭着多年来累积的经验，重点推广窨制花茶，加强外贸出口这条线，扩建厂房建筑面积，同时可制作蒸青绿茶，茉莉花茶以及特种茶。没几年，茶场花茶外贸出口以及创汇排到省农垦系统第一名，"老大难"企业也摇身一变成为创收的"香饽饽"，期间他也多次被评为先进工作者。

松溪是历史上著名的茶乡，清代已经开放了通商口岸对外出口茶叶，到现在还有很多古渡口。从20世纪60年代到80年代，松溪主做面向苏联的茶叶出口贸易，从红茶、绿茶到花茶。90年代国有企业所有权制度改革之风吹来，国营茶场的逆袭之路，让朱步泉有了自己创业的想法。

1992年，朱步泉正式下海了，第一单生意是给隔壁浦城县的国营仙阳茶厂做代工，仍旧是做熟悉的茉莉花茶2000担，不用操心销售。可不久以后，随着外销市场的萎缩，国营茶厂的代工订单没了，茶厂的产销都要靠自己，真的是一个头两个大了。

朱步泉其实没有做过内销市场。他在郑墩国营茶场任厂长的时期，基本都是拿配额做出口生意，种植生产他是专业的一把好手，可做生意却实在不是那块料。市场上什么茶好卖？一位松溪老乡在山西太原卖茶叶，一个电话过去，对方指点江山，点名什么什么茶好卖，朱步泉做了一大堆，却一斤茶也卖不出去。没办法又找朋友，继续给老乡打电话，对方慷慨答应帮忙销售——朱步泉大喜，连夜装了两车茶叶发到太原，结果钱款一分没有收到，老乡人也消失了。

很快，亏损达五六十万。全家都陷入了窘境。曾经无限风光的国营茶场场长家挤满了来要债的人。

▌武夷山朱熹园，为纪念朱子而建。朱熹，宋代著名理学家，对武夷茶文化有着深远影响，他不仅品茶、论茶，还亲自参与茶的种植与制作，推动了武夷茶的发展。

九十万债务把人"逼上茶山"

老朱跟我说,他其实从小没有考虑过做茶,是父亲的债务,把他"逼上茶山"。

1998 年,朱陈松学校毕业。

那年《泰坦尼克号》全国上映,《水浒传》《还珠格格》开播,我每天晚饭和弟弟妹妹等着在中央台看梁山好汉,国家正面临深化市场经济改革的阶段,亚洲金融危机影响了中国外贸,朱镕基总理开始主持工作,出台了一系列政策促进经济的稳定增长。也正是在这一年,中国茶行业在改革开放潮中迎来了小阳春。当年全国茶叶产量 99.5 万吨,国务院批准了五部委《改进茶叶出口管理、促进茶叶生产发展的报告》,改进茶叶出口管理,加强出口茶叶的质量管理。7 月,对外经贸部推出《茶叶出口经营管理办法》。

茶叶内销、外销的市场形势为之一变,这是朱步泉茶叶事业危机的来源,却也是朱陈松的机遇。

"我没有选择,父债子偿天经地义,卖茶叶还债,这就是我得干的事。"20 岁后毕业前临行一晚,朱陈松跟爸爸算了一笔账。库存茶叶价值、应收应付账款、现金、固定资产……林林总总加加减减算出来,把老宅卖了,还欠九十几万，这也是朱步泉第一次知道具体的欠债金额。

账算清了，朱陈松包一背，到哈尔滨开启"北漂"卖茶的生涯。

朱步泉之前在哈尔滨开了两家茶叶店，起名"绿龙"，原本是女儿在打理，现在轮到了朱陈松出马。

从松溪到哈尔滨，要先坐长途汽车到上海，上海到哈尔滨的火车要近50个小时。他像所有90年代的时髦青年一样留着郭富城的中分长发，揣着书本上的市场经济和营销理论开始了自己的茶之路。

到哈尔滨的第一件事就是盘库存，发现库房里都是积压的茉莉花陈茶。按当时茶叶行传统的做法，滞销的茶是不舍得拿去便宜卖掉的，每一年做新茶的时候，就拿陈茶拼配，结果不但陈茶一直消不掉，还影响了新茶的茶叶品质。库存很多，资金被占用无法流转。朱陈松知道这些库存是负担，也是他的本金。

库存茶里不少松溪茉莉花茶，松溪种植的茶树品种做成的茶胚，虽然氨基酸含量高，但是外形上和福鼎的原料相比没有优势，当时市场上流通的高端的茉莉花茶基本都是拿福鼎白毫银针做原料，毫锋显露，老百姓喜欢，购买都认准有白毫的，还有做成绣球、凤眼等各种形状，好看。高端茶竞争不成，那低价茶呢？当时的低价茉莉花茶，主要来自广西，用于窨制的茉莉花茶的花坯，大都来自广西横县的市场，原料价格便宜，来自浙江金华的茶商做出了大量低端的茉莉花茶。虽然松溪茶叶内质好、回甘快，但在低价茶领域，看重降低成本，松溪的没有成本优势。

茉莉花茶一年生产一季,资金一年只能周转一次,本金有限的情况资金周转率太低,很不划算,朱陈松决定把手头的存货清理干净后,不再自己生产茉莉花茶。

库存花茶被老朱一路从哈尔滨拉到济南。济南是北方茶叶市场的中心,吞吐量大,只要价格合适,什么茶卖都能卖得出去,而且山东人喝茶喝得很凶,一壶茶加小半壶茶叶。

用比成本还低的折扣把这批茶叶全卖掉了。手上终于有了周转资金,老朱说这10万块如果每个月周转一次,一年里10万块钱就能变成120万来用,那个年代档口的茶商很少有人有周转率的概念,老朱的商业直觉很好。

从20世纪80年代开始,随着改革开放中国台湾茶叶进入大陆市场,台湾乌龙茶以独特的香气和味道被沿海部分顾客熟知,90年代,有人开始关注和研究茶艺,台湾乌龙在这个领域也占先机。

铁观音是中国十大名茶之一,原产于福建泉州的安溪县,其兴盛期早可以追溯到18世纪,那时它是清朝皇室的贡品,80年代末安溪人开创了铁观音小泡袋,其他茶类还是论斤在卖,这个小发明解决了泡茶便利性的问题,可以随时随地冲泡,同时提高消耗量。21世纪初铁观音的种植面积和产量逐步增加,市场需求稳步增长。在北方,铁观音因为独特的香味也渐渐走红,即将进入了铁观音的黄金发展期。

眼看要全国流行的台湾乌龙茶、安溪铁观音市场空间都很可观,它们成为

▌朱陈松从小就长在茶山，玩在茶山。

了老朱要做的茶类。

选定的新的茶品类有配套的新型茶具，老朱从广州的茶叶批发市场进了很多北方顾客不熟悉的功夫茶茶具，做季节性的销售。从产品到饮用场景提供一整套解决方案，开拓出了新赛道，很快，老朱的茶叶店在哈尔滨打出了新名气，以批发为主，5年工夫，朱陈松把债还清了。

这5年，是早起晚睡的5年，也是如履薄冰的5年。

茶叶买卖，看似门槛很低，但是没有些过硬的功夫，是不可能做好的，比如收茶，茶不是标准化生产出来的工业品，不同茶类，不同品级，不同价格，你要真的懂行，能鉴别高低，还能拿到恰到好处的价格，相当考验技术。收茶叶，从来都是老朱自己亲自去的。现在我们虽然有了几十人的专业品控团队，但出品的每一泡茶，老朱都还要自己喝过。他对各大茶类的审评能力，一定程度上是被沉重的债务硬生生逼出来的，他没有失败的余地。

当时出门收茶只能带现金，茶山附近偏僻，连农村信用合作社都在山下50公里以外，即使到了，想在合作社提大笔现钱也很困难。那时候老朱的装束差不多是这样子：穿着跟任何一个普通青年一样，西装或夹克，衬衫下面贴着肉，钱一小叠一小叠捆在腰上，用胶带扎一圈，再扎一圈，每次收茶大概捆十多万块钱，腰缠万贯、膀大腰圆大概就是这么来的。

那时候做茶叶批发零售，什么流行就要卖什么，普洱茶起来的时候，去云南收普洱茶青需要摸黑上山，茶农会使出各种手段骗茶商，不盯着自己的

武夷岩茶工艺之采青。

福建正溪茶在出口市场广受欢迎。

篓子,一转眼就被调包了。

收完茶,要打包成箱,去邮寄。慢的是邮政,快的是火车车皮。上茶山,很多时候根本没路,得开越野车。听茶行业前辈说,其实最方便的是拖拉机和摩托车,在几乎没路的地方比越野车好使。

当时收茶区和销售区的治安条件也不好,从20世纪80年代直到经历了严打,才好转了点。他至今仍记得那时候佳木斯在报纸上被叫"贼城",在黑龙江总要聚集起三四个伙伴才敢一起走。要是人少,当地的地痞流氓,一看你是南方人,还带了很多货,劫道的事情常常发生。

铁观音风靡的时候,老朱常常去安溪收茶,路况很差,车匪路霸也多。在安溪运茶,从感德镇出发,有一条近的小路,要路过长坑镇,长坑当地民风彪悍,收茶的茶商流传一句话,"长坑长坑,长期坑人",如果遇到晚上他们必须绕道走。

收完茶,销售也是老朱,因为还欠着债雇不起工人。

用马口铁的茶叶罐装上茶叶样品,背上一大包,看到茶叶店就敲门进去。找到老板,告诉人家他是福建产茶地区来的在哈尔滨有门市部,主做批发。这样一家家走下来,有生意都做,一罐两罐也卖,防暑降温茶也卖,既做茶叶店老板生意,也会供货给政府单位,当时单位发劳保用品很多都是茶叶。

东北最早没有茶城,朱陈松是第一个把茶文化带入店里的茶叶商。

北方人卖茶，都是玻璃柜子柜台，他的档口是第一个摆上茶桌茶具，客人进门不着急买茶，先坐下来泡茶喝茶。朱陈松跟客人喝茶聊天，一边普及茶的知识，顺带就把相应的货卖了，这种卖茶的方式在北方很新奇。他的店品种丰富，也是整条街第一个请设计师做装修的茶叶店，店门口专门做了一个灯箱，亮着几句广告语，像个大海报。那时候同行没有人这么做，朱陈松的生意一直都很好。

25岁那年，朱陈松终于还清了家里的债务，他决定从哈尔滨离开。5年茶行业摸爬滚打，他没留下第一桶金，钱都给了家里。

我问过好几次老朱，你害怕重新开始吗？他身上有种迄今我都不太能理解的乐观。

他说：我当时去哈尔滨做的事还是家里的事业，现在从头开始，这就变成我自己的事业了。我只感觉到轻松——家族的债还清了，我可以没有顾虑地重新开始。这种乐观在后来带给我很多意料之外的收获，当然也有不少在我角度几乎无法承受的压力。

2003年，朱陈松回到福州，回到了茶叶竞争最激烈的福建省会，从零开始创业。

春茶季是茶人最忙碌的时刻。

老朱知道,茶叶要做得好,做品牌才是王道。

时间进入20世纪90年代,茶虽是国饮,但市场上有品牌的茶叶很少。茶城也就是茶叶市场,才是当时的主流。各种不同品种的散茶,像涓涓细流汇集到茶叶批发市场,那就是一片没有标识和指引的汪洋,不懂茶的人常常无从下手。北京的马连道号称中国茶叶第一街;济南的张庄路是"江北第一茶市";广州的芳村也是全国最大的茶叶市场……每个地方都有当地的茶叶市场,每个城市也都有一家标志性的茶市,但并没有代表性茶叶品牌。

当时称得上茶叶品牌的,几乎只有张一元等茶行业的中华老字号,店面仍旧跟过去的老药铺一样。也有零星的新创茶叶品牌,比如主打口粮茶的"猴王茶叶",由湖南长沙茶厂出品,一袋100克,用湖南本地的小叶种茶叶窨制茉莉花茶。猴王茶叶以物美价廉著称,成为90年代的流行茶品牌。除此以外,市场上让老朱印象最深刻的是一个创新的外来者——李瑞河先生创办的天福茗茶。天福茗茶从台湾乌龙茶入手,最早在门店推出了"体验式卖茶"的新模式,并随着连锁扩张在全国推广开来。天福茗茶模式改变了中国茶叶店的模式,后来的很多新茶叶品牌都受益于此。

老朱回到福州,放弃了批发商的身份,开了一家茶叶零售店——松涛茶庄。福州是福建乃至中国的茶叶中心城市，福州喝茶的风向标，与全国茶叶形势密不可分。松涛茶庄是他熟悉市场、观察市场的根据地，他试图抓住新的市场趋势。老朱读书的时候做市场营销作业就开始关注品牌，现在到自己创业想做出一个茶叶品牌来，他决定先从单品茶入手。

2003年，正是安溪铁观音最当红的时期。

全国一片铁观音，各地人坐着火车和大巴蜂拥而至安溪县，老朱也是其中一员。村子里的公路已经容纳不下人潮车潮，车到处停，脑袋挨着脑袋，跟赶集一模一样。当时支付系统不发达，银行网点不多，人山人海全是带着现金来收茶的商人，而当时的安溪一天交易最多金额达到了现金将近5个亿。在人均月收入只有千把块的时代，铁观音创造了一个"茶界神话"。

跟收茶人群的火爆相比，另一个触目惊心的问题是生态：所有的山都拿来种茶，菜地没有了，稻田也没有了，甚至山上的树也被砍，腾出地来种茶叶。老朱很感叹，每天全国各地那么多人揣着现金过去，茶农能受得了金钱的刺激和诱惑吗？大老板都受不了。可再看着茶园的状态，他预感到：安溪的生态破坏得太厉害，这么搞下去，铁观音迟早一天要出事。

此时距离铁观音爆出农残问题还有好几年，朱陈松开始寻找新的方向：福建除了铁观音，还有什么茶？铁观音是闽南乌龙茶的代表，而闽北乌龙茶也有自己的代表——武夷岩茶。

武夷岩茶其实成名已久，早在南北朝时武夷茶就以"晚甘侯"著称于世，宋元两代入贡朝廷，盛极一时。元大德六年，在九曲溪畔设置御茶园。明代罢造龙团，改蒸青团茶为炒青散茶，随后又改制乌龙茶，即现在所称之岩茶。岩茶早在十七世纪即远销西欧，在世界茶叶史上具有极高的地位。当时，武夷岩茶也是武夷山重要农业产品之一，有着"中国十大名茶"等很多美誉。

但另一方面，当时的武夷岩茶，还远远没有走出福建，甚至在中心城市福州，岩茶也处于相对边缘的位置，销售着有限的几个品种。传统的武夷岩茶消费区，在国内有两个地方，一是广东的潮汕地区，基本只在汕头的潮阳区，二是福建漳州下属的云霄县。现在的高端茶代表武夷岩茶当时还是"生活茶"。生活茶就是作为日常口粮的茶，单价也比较低，基本上100块到300块钱一斤。除了这两个地方以外，武夷岩茶只有产量极为有限的大红袍有知名度。"大红袍在中国是神话般的存在，大家都知道它很好，但是都不知道它好在哪里；都知道它很贵，但是都不去碰它，也喝不到。"

武夷岩茶到底前景如何？老朱决定自己去看。

经由福州的茶叶专家介绍，朱陈松来到了武夷山，因缘际会，得以拜访了著名的"武夷岩茶泰斗"姚月明老先生及其夫人敬铁芬女士。姚月明是我国著名的茶叶专家，自从1953年来到武夷山崇安茶叶试验场工作，慢慢成为了武夷岩茶科研的带头人。他在武夷山的茶场恢复性建设和科研实践中作出了巨大的贡献，规划勘察设计了中国第一个机械化茶场——崇安茶场，对武夷岩茶的品种培育和病虫害调查等多项研究。姚老将自己的一生都献给了武夷岩茶的研究和发展。

在武夷山的峰岩沟壑间，散落着数百个不同的山场，有久负盛名的三坑两涧一窠，也有耳熟能详的三十六峰、九十九岩。

姚老那年 72 岁,已退休很多年,可对武夷岩茶的热爱从未消解半点。对于这位年轻的福建茶人后辈,姚老一见如故并无半点架子。对武夷岩茶的好奇与热情,成为忘年交的起点。老朱回忆起当时跟着姚老学茶的经历,至今仍旧历历在目。"姚老跟他夫人敬阿姨——就是敬铁芬女士,我们茶人都这么亲切地称呼她敬阿姨,两位前辈就带着我们到处访问,武夷山当时几乎所有做茶做得好的茶企制茶人,基本上都走了一圈。"走遍了有核心山场的茶厂跟茶农家,其中包括后来被选为武夷岩茶非遗传承人的诸多制茶名手。老朱跟着姚老先生一泡接一泡地品茶、评茶,武夷岩茶深奥且抽象的"活甘清香""岩骨花香"逐渐清晰起来。

武夷山的生态环境,也给老朱留下了深刻印象。北纬 27 度的武夷山,三十六峰九十九岩碧水丹山,得天独厚的生态环境,这一切正是陆羽《茶经》点明的"上者生烂石"——茶树最好的生长环境。武夷山山顶山脚都不种茶,在陡峭的山上建茶园坡度也不能超过 45 度,茶园于是像腰带一样藏在山中间。武夷山的生态领先全国,早在 1979 年福建省政府就建立了武夷山自然保护区,1987 年被联合国教科文组织接纳为世界生物圈保护区,到了 1999 年 12 月,武夷山被联合国教科文组织列入《世界遗产名录》。从此,武夷山整个景区范围内完全禁止新开荒,茶园管理也随之升级。武夷山的茶生态,跟当时安溪涸泽而渔的状态形成了鲜明对照。

这是一次系统的游学之旅,老朱对武夷山、武夷岩茶的制作工艺、各个山场特征、茶树品种、不同品种的风味特征等,都有了一个充分的、系统的了解和学习,"当时福州市场上可以喝到、认知到的岩茶太窄小了,是个小池塘,姚老教我怎么认知武夷岩茶,怎么审评武夷岩茶,让我真正体验了武夷岩茶的魅力。武夷山之行是我自己的一个深度学习过程,姚老带着我摸到了武夷岩茶的门径。"

回忆起姚老的引领，老朱至今感恩："他是典型的学者，一生的事业与热爱就是武夷岩茶，姚老对想学习的年轻人，所有的爱茶人都非常热心，尤其对我这样想经营武夷岩茶、推广武夷岩茶的年轻人帮助起来毫无保留。姚老确实是岩茶泰斗。"

如果要做一个单品类茶叶品牌的话，老朱决定从武夷岩茶入手。"我是首先自己爱上了武夷岩茶，才最终决定要做一个武夷岩茶的品牌。"天生乐观的老朱，对武夷岩茶当时销量不高的现状很有信心，"武夷山是福建最著名的旅游地，每年几百万游客，大家都要去膜拜传说中母树大红袍，知名度一点都不比铁观音差，同为十大名茶，茶客买十次铁观音，总要买一次岩茶试试吧？"

老朱越想越觉得有戏，他开始筹备做福建第一家岩茶品牌专营店。

2005 年开始，中国茶叶市场进入了新一轮盘整。普洱茶开始了首个全国范围营销活动"马帮茶道·瑞贡京城"，普洱收藏热不断升温，大量资金流入，价格越炒越高，但也埋下了第二年泡沫崩盘的危机之兆。与此同时，2005 年武夷山红茶"金骏眉"横空出世，创新出了高端红茶新风味，一下成为红茶代表在全国流行开来。武夷岩茶作为传统武夷茶的代表，开始出现在大众视野。2006 年，国务院公布了《第一批国家级非物质文化遗产名录》，武夷岩茶（大红袍）传统制作技艺成为茶行业唯一入选者。

当时的乌龙茶市场仍旧是安溪铁观音的天下，快要进入盛极而衰的拐点。

竞争激烈的铁观音市场上已经杀出了一些品牌，中闽魏氏等品牌店铺的生意特别好，销售额是普通茶叶零售店的好几倍。很多原来传统茶叶店都纷纷改做或兼营铁观音。当时福州的两个主要茶叶批发市场五里亭和西营里市场，挂牌专门经营武夷岩茶的店家几乎没有，连锁专卖形态的岩茶品牌更是没有。

老朱相信，武夷岩茶会是下一个中国茶的风口，武夷岩茶的新时代即将到来。过去武夷岩茶以外销市场为主、国营茶厂唱主角，随着国内茶叶消费市场逐步抬头，迫切呼唤着新的茶品牌的出现，当时武夷岩茶的生产、加工、销售基本由当地的中小型企业或个体农户独立承担，极度缺乏推动岩茶进一步发展的力量。

朱陈松站在了武夷岩茶重新崛起的起跑线上。

熹茗诞生

2007 年，筹备了几年的老朱，找到两位合伙人，集资一大笔钱，连租店、招人带进货迅速做出了第一家武夷岩茶品牌专卖店店——"御华苑大红袍"。

御华苑大红袍第一家店位于福州市中心 CBD 商圈，五四路华林路路口的嘉键大厦。"紧挨着当时最红的铁观音品牌中闽魏氏，位置最好房租最贵，用我们自己的商标、自己的包材"，意料之中也是意料之外，御华苑大红袍一炮而红，福州茶圈轰动了，居然出了一家武夷岩茶的专卖店！

这是整个福州地区乃至全国范围第一家武夷岩茶品牌专卖店，有品牌、有包厢、有茶文化体验。想做好武夷岩茶，老朱认为新业态重要，品牌更重要。御华苑大红袍不到一年时间就收回成本开始盈利，很快第二家、第三家连锁专卖店开始启动，"起家的时候，是踩准了一个机遇。我们是最早做武夷岩茶品牌连锁专卖这种业态的。"

当时市场和现在不同，仅有大红袍的传说，显然不足以支撑武夷岩茶在激烈的市场竞争中站稳脚跟。武夷岩茶历史名气很大，但在大众市场的认知度并不高，会喝岩茶的人大都是老茶客，而他们购茶的渠道也基本上都是些相熟的茶农，岩茶的价格也还在低位，去武夷山收茶的时候，三坑两涧的茶样，茶农三两斤一大包地送给你，不像不现在的正岩茶能小袋子抓几个给你就算非常不错了。

因为茶叶价格低，工艺就做得不细致。老朱认识了当时制茶工艺最顶尖的一批茶人，边经营御华苑边做更高品质也更高价格的岩茶产品，他一定程度上参与了武夷岩茶工艺的革新。

当时乌龙茶制作工艺，安溪铁观音是顶峰，将乌龙茶的发酵工艺推陈出新。福建有"南做青、北焙火"的说法，闽南的安溪乌龙茶以做青著称，闽北的武夷山则以焙火见长，闽南注重做青形成清香，闽北则通过焙火工艺提升熟香和滋味。老朱是采购方，他通过市场需求来拉动岩茶的上游武夷山新一代茶人将武夷岩茶的制作工艺推向一个新高度。御华苑成为了最早销售顶级武夷岩茶的福州店铺。

中国制茶学学科奠基人陈椽曾说：武夷岩茶创制技术独一无二，是全世界最先进的制作技术，无与伦比，值得中国人民雄视世界。

自此，朱陈松将武夷岩茶在福州开始打开了局面。

打开福州市场，是打开武夷岩茶市场的第一步。福建是中国最大的茶叶产区和销区，福州既是茶叶消费大市，又作为省会城市也引领了整个福建省乃至全国喝茶的风向。武夷岩茶以福州为窗口，即将迎来市场的大爆发。

"中国茶的流行趋势，2007年之前都是铁观音，2007年到2013年都是红茶。红茶第一个是金骏眉，第二个是坦洋功夫，但是我一直都不看好红茶，它的丰富性是不够的，不可能内销大火。所以我一直坚持做武夷岩茶。终于坚持到2012年以后，武夷岩茶的牌子才开始越来越多，武夷岩茶也越来越火。"

老朱承认，他一直有一个"行业观察者"的身份。

"如果说茶行业有大势的话，每一次在生变的时候，不知道是运气还是必然，我总能看到一些机会和趋势、发现一些市场空白，我感觉这应该是和我早年在哈尔滨卖茶经历有关，那时我置身事外，在一个几乎没怎么品牌化、竞争并不激烈的东北市场里，负债压力下演练了品牌从0到1的过程：怎么选品，怎么宣传，怎么打市场，把书本上营销知识和市场细分观念来落地验证，出错了就重新思考这些基本问题，深陷竞争或者赚钱太顺利的人其实无暇顾及这些。"

从上世纪外销为主，到世纪初无人问津，再到2012年之后的火爆，武夷岩茶走过了一条曲折道路。老朱很自豪，自己参与了武夷岩茶崛起的历史。站在当下回顾历史，第一家武夷岩茶专卖店、第一个武夷岩茶连锁品牌、第一个新型复合业态茶空间、第一个有身份证可追溯的正岩山场子品牌、第一个将朱子文化融合进产品的古籍书型包装外观专利、第一个几乎拿遍全球各大设计赛事奖项的茶品牌……都成为了老朱的一个个脚印。

可真正义无反顾地踏上这条路之前，还有一段意外插曲。

2008 年，一位店里常来的茶客，把老朱引到了另外一条路上。

这位茶客爱喝武夷岩茶，也很欣赏朱陈松的劲头，提到他表弟在北京担任美国一家大型风险投资公司的负责人，恰好有一个在武夷山开展实景演出项目的机会——张艺谋、王潮歌导演的《印象大红袍》。当时印象系列在全国很红，《印象刘三姐》《印象西湖》反响很大，武夷山的大红袍项目应该也不差，张艺谋正担任北京奥运会总导演是最风光的时刻。投资者们提议朱陈松，将他的御华苑纳入合作范围。朱陈松心动了。沟通之后，没能达成合作的共识，于是朱陈松在 2008 年年底完全退出御华苑，转而参与印象合作。

2009 年，老朱再一次从零开启了他人生中第三次创业，与投资人合作成立了福建印象大红袍茶业有限公司。张艺谋、王潮歌的北京印象艺术公司是股东，同时也有国资背景的资金要进入，公司背后还有私募股权 IDG 资本，老朱成为了其中一个股东，注册了"熹·茗袍"作为当时的茶叶品牌。

老朱是这群人里面唯一懂茶的人，也是项目实际的操盘手，他踌躇满志，与大佬们一块儿喝茶、吃饭，讨论着要联合资本、政府各界力量，计划投资资本 5000 万,把盘子做大,上市……一幅宏伟的事业版图近在咫尺,仿佛伸手就能握住。公司注册了,产品开发了,第一家 500 平方米的新店也开张了,但印象大红袍合作项目始终徘徊在纸面上,各种资源由于种种原因并没有到位,投资款从 5000 万缩水到 500 万,朱陈松一直希望做新模式来突破传统的发展方式,而高起点和高配备成为经营极重的负担,钱还没开始花就没了。

"我就像是被吹满了气后放开口子的气球,在风中凌乱地飘摇后急速下坠。"老朱后来回忆,当时的自己有些膨胀了,忘记了脚踏实地地从一片茶叶做起,茶叶这门生意在中国绵延了上千年,它似乎和资本逐利的本质相背离,反而和中国所有的传统文化呈现出高度一致性,讲究的不是快、不是几倍速增长的暴利,而是和茶树的生长一样,踏踏实实地经历春夏秋冬,讲究的是细水长流,生生不息。

2010 年底,一轮疲倦的电话会议之后,老朱意识到不能再陶醉于投资泡沫中,他得回到自己的本心,回到经营的本质。他放弃了福建印象大红袍茶业,正式成立"熹茗茶业","熹·茗袍"也变成了更简洁的"熹茗"。

老朱回忆起那段日子,很苦。"每个月总有那几天,我的脸是特别黑的,因为要发工资了,再苦不能苦员工,我得东拼西凑想办法筹钱。当老板就是这样,天塌下来,自己得先顶上。现在回头去看那段最难的日子,我很感谢自己,从来没有想过放弃,只想着要怎样活下来。感谢失败,让我开始正视自己,我有什么可膨胀的呢?"

跌到谷底了,才会重新开始。老朱记得那段日子里他读到的话,"我没有失败，我只是找到了一万种行不通的方法。"明确了前进的方向，才能够迈出下一步。

熹茗——熹，是朱熹的"熹"，康熙大字典解释其字义：光明；茗，茶也。心怀光明，回到茶，重新出发。

熹茗，以儒传世，以茶入世。

第 三 章　　　正 式 入 门 茶 世 界

我以一个茶行业从业者的角度,开始了十多年的学习、观察之旅。

学茶有三部曲：定山场、访茶人、品茶汤。

武夷山教给我第一课

那时候，我一有机会就缠着公司的茶师傅：师傅师傅，你跟我讲讲茶吧。

他每次都回答我：你喝，跟茶学。做茶大师傅并不讲茶。

学茶有三部曲：走山场、访茶人、品茶汤。

茶，究其本质是一片叶子，是农作物，品质的好坏受生长环境影响极大，走山场是最直接感知茶的一环。岩茶核心的山场在三坑两涧，一进山，满目苍翠，岩凹石隙到处是砌石垒土的石作座茶园（也称盆栽式茶园），有的甚至在悬崖半壁，三五株茶树兀自生长。老朱说生长在这种地方的茶株往往是山主花很多心思移植过来的名丛，母树大红袍就是典型的代表。

印象最深是老朱第一次带我去天心村"拜码头"，天心村位于武夷茶的核心产区，是景区内仅存还有茶农居住的传统村落。要想了解武夷岩茶，没有人不来天心村。

我们去到祝师傅家，是五六十年代常见的那种水泥粉刷的二层楼房，进门就是客厅，不同于农村常见的观世音菩萨画像或者毛主席的画像，有些斑驳的墙上正中挂一个大大的"茶"字，左右一对联子写着"岩茶奇香惊玉阙，骨韵至味醉清宫"，大茶桌几乎把整个厅堂占满，十几个盖碗在紫砂茶盘上一字排开,见我们来了,祝师傅叼着烟不紧不慢从里屋抓了几泡茶出来,烧上水,边寒暄着边称重(每泡不同的茶称出相同的克重),每个盖碗置一份茶,依次冲泡,计时的沙漏不疾不徐地流着,气氛开始安静下来,所有人围绕桌旁,有秩序地掀起盖面依次闻香,沙漏漏尽,把茶汤倒出来在碗里,然后一人拿一小杯,用勺子舀一勺茶,啜进嘴里,大家的嘴巴里开始发出吸溜吸溜的声音,此起彼伏。之后便开始各自发表起对这几泡茶的看法。评茶的过程有点类似品红酒,但品酒主要是为了喝出不同酒的优点,而评毛茶是为了评出茶的缺点,以在后续的精制过程中进一步完善它的品质。

我像刘姥姥进了大观园一样,第一次看到这样喝茶的,开眼界了。

这种喝茶方式叫"啜茶",即啜吸法,用于茶叶审评。

品评茶需要细细分辨,尤其是武夷岩茶,舌头不同部位对味道的敏感度不同,先吸入一小口茶汤,舌尖轻抵上颚,以优化对茶汤的感知;同时小口吸气,这有助于茶汤在口腔中充分混合和滚动,释放茶叶的香气和味道,啜吸时可能会发出轻柔或是强烈的"吸溜"声,这是空气和茶汤混合时的自然结果,混合后香气会充满整个口腔并上升至鼻腔。重复这个动作,多次往复,让茶汤在口中转动,感受茶香。用"啜茶"的方式,可以放大茶汤的香气,让舌头和整个口腔完整感受茶汤的滋味。武夷山的茶人,都习惯了这种吸溜吸溜的喝茶法。

这是我第一次真正意义去到茶的原产地,看到这些做茶做了一辈子的老师傅。记得是 5 月,武夷山做茶季,村子里家家户户都在做茶,我们跟着

5 月是武夷山的做茶季，天心村里家家户户都在做茶。

做到半夜。茶的香气是在做青的过程中逐渐释放、转化的，最先是青草香，随时间的推移，清香、花香、花果香次第而来，越后面的香气越难把握越高级，很考验师傅"看茶做茶"的功力。

夜半时分，我们从茶农家走出来，整个村子都弥漫着一股不可思议的香气。暮春时节，武夷山的空气还有一点微凉，夜深露重，水汽氤氲到半空，山石泥土、草木与茶的香交织缠绕，青草香、花香、果香、焙火香都融进武夷山沁人的夜露里，整个世界都在沉睡，茶香偷偷跑出来充塞天地。

这大概就是茶道里所谓的一期一会。

第二天，一整天喝了足足40款茶，而且这个"喝"，并不是说整口茶吞进去，而是跟品酒一样，每一泡尝一下、让茶汤在口腔里面翻滚，然后就吐掉。从早上喝到下午，整个人已经腿软，心慌手抖快要晕倒。

武夷山教给我一课，茶可以醉人。

我 想 帮 "茶 小 妹" 们 站 起 来

茶馆这个行业，大部分从业者是女生，茶客管她们叫"小妹"。

我也是从农村走出来的茶小妹。

福建农村是很传统的,从小我就有一个印象:男生比女生更金贵。而且越是不发达的农村,男女之间尊卑差异就越明显。我们那儿家里请客,女人和小孩不能上桌吃饭,还有很多女孩是没有书读的,"读了也没用,还不是要嫁给别人家生小孩"。

后来我来到了茶行业,看到了更多不"金贵"的女孩子。

福建满街都是茶叶店,茶叶店的小姑娘常被叫作"卖茶小妹"。小妹听起来不是一个特别受人尊重的称呼,这也是为什么这个行业在吸引人才方面会有一些障碍,总感觉是低人一等。茶叶店是服务业,我们的服务行业普遍没有得到应有的尊重,传统观念认为服务就是伺候人;如果有两份工摆在她们面前,一个去茶店卖茶当茶艺师,一个去公司当前台或行政文员,一般都会选择后者去公司。尽管我们都知道,要当好一个茶艺师,其实远远比当好一个前台要难。

很多人还说,这个行业就是靠脸蛋吃青春饭,很多女孩子工作了好多年,也很努力,从一个小妹终于当上了店长,她赫然发现,前面没有空间再让她上去了,同时家里会催你,该嫁人生小孩了,所以茶行业的人才流失率特别高。

记得我刚来的时候,公司规模小,我还兼做培训、公众号,每一家新店开业,我都会去给店长(老板娘们)写稿子帮她们做宣传,跟这些女孩子有很多直接的接触和交流。莆田有个加盟店长叫秀珍,她开第一家店我去帮忙拍照、采访。当时我问她,你的梦想是什么?她告诉我:出人头地。

叶婷婷：我希望把"茶小妹""茶艺师"的称呼，变成更职业化的"侍茶师"。

我至今仍然清清楚楚记得这四个字，记得当时秀珍的眼睛。

我们行业里的很多女孩跟我一样，都是从农村走出来的姑娘。当生活的重力把一个人压到很低的时候，她反弹起来的力量其实很大。过去这些人没有读什么书，没有太多选择，只能当茶店小妹，可她们想让自己的生活变好，想要去改变自己命运，这种强烈渴望一直都存在于她们心里。

我很能明白，当一个女生没钱的时候，她是没有底气去讲话的。

我跟老朱结婚头两年，他常常忘记给家用，而我也始终不好意思开口跟他要钱。贫穷有时候会给人带来一种巨大的自卑，它长在心里面。虽然表面上日子已经好起来了，但我心里知道我并不是一个真正自信的人。后来我听一个店长跟我分享，她说当她不再打工，开始自己创业，变成一个茶叶店老板，虽然还是同一个城市，同样一个茶叶店，同一群客人，但是他们跟她说话的内容、状态，都变得不同了。她感受到从未有过的一种平等和尊重。她讲述的这种转变，给了我很大的触动。

我要做的事情，就是去看见她们。我能看见她们，深深的真切的。

脱掉小妹标签的第一步，要从经济独立开始。2014 年，我们正式启动了帮助"茶小妹"创业的茶行业精英店创计划，熹茗的连锁加盟事业也开始了。

私房茶经营升级，靠的是系统性的统筹。

中国茶叶店正在进入一个新阶段

秀珍现在有两个合伙人，管理着快十家熹茗茶叶连锁门店。

从一个"小妹"到管着这么多店长的区域加盟商，她用了十年。她告诉我，最开心的是很多客户都真正变成了她的朋友。我也听很多店长告诉我，店里的客户，出差后下了飞机的第一件事，不是回家，是去我们的店里坐会儿，喝喝茶才算又回到了福建。

我听到很多发生在茶叶店的故事。

秀珍给同一位客户过了八年生日。客人慢慢习惯每年生日的晚上都要跟朋友一起来秀珍的店里，参加特意为他举办的生日派对。今年他唯一的女儿去外地读大学，没法陪爸爸，秀珍就把过生日的视频拍下来发给了这位女儿。女儿由衷的感谢她们代替自己在重要的日子对父亲的陪伴。

林峰告诉我，她最常来的客人是一位每天到店里的老人家。老先生退休后，每天早晨雷打不动，坐公交车出门来店里喝一杯茶，再去菜市场买菜，回家做中饭。他会在每天早晨提醒林峰，记得早点开门，我要来喝茶。

兰芳告诉我，在疫情期间，自己和员工集体阳了无法正常开门时，一位老顾客主动提出帮助其开店，并真的承担了一整天的店铺运营工作，还给她们买了特效药送到宿舍。

……

熹茗的 15 年，我听到了很多这种故事。

我希望把"茶小妹""茶艺师"的称呼，变成更职业化的"侍茶师"。

在我们内部，传统带有表演色彩的"茶艺师"已经不是我们想要表达的职业内涵。我们给大家上从礼仪、服务、经营管理到产品、文化和美学的课程，将这个职业定义为"侍茶师"。这是一个试图跟葡萄酒"侍酒师"比肩的职业名称，某种程度上就是希望她们有更多茶行业的专业素养，而不是给人只会和客户聊天拉关系的刻板印象。她们入职的培训课里有一堂"职场性骚扰应对"，会有一些情境演练，比如如果有客户说陪他出去吃饭就给 5 万的大单，你会怎么做？熹茗的标准答案是如果要去陪客户吃饭才能拿业绩，这个业绩我们不要。公司是严禁这个部分的，并且这样的客人我们可以选择不服务。我希望我所有的同事能够用专业而不是美貌真正担当起"侍茶师"这个称谓。

茶业这个古老的行业，在千禧年之后的第二个 10 年里，发生了很多变化。

茶、喝茶的人、做茶的人、卖茶的人都在变化。

很多行业外的人常常会疑惑店里顾客门可罗雀的茶叶店，究竟怎么活下来的？去茶馆喝茶买茶的人，都是些什么人？在电商发达的时代，人们进一家茶叶店、一家茶馆，仅仅是为了买茶吗？茶，在其中到底是一个什么角色？从事茶叶店工作的人，跟 100 年前、50 年前、10 年前相比，发生了哪些进化？

今年，我正式进入茶行业 15 年了，我时常还是会被问到这些问题。

老朱、我和我们的小伙伴们一起做的熹茗，试图对这些问题，给出一个回答。

熹茗，试图给茶行业一个新的答案。

第二部分
重建品牌茶叶店生态

店长访谈录

门店的服务，是奉茶之心的具体呈现。

门店是我们面对用户的第一主场，是我们从采茶、制茶、设计包装，到空间营造，提供服务的焦点。这里鲜活的承载着我们前后端所有工作，是我们和门店的小伙伴（加盟商、直营店）共同经营的一个场域，同时又像是考场，我们的产品，伙伴的服务都在这里接受顾客的"考验"。

重新审视熹茗从这个焦点开始，我一共探访了7家有代表性的门店，将多年工作中对客人的理解写了进去，也合并了不同门店的类似经验。这次探访和过去巡店不同——到现场看问题，从支持端看能提供怎么样的协助——而是退到更后面，试图尽量客观呈现每天持续发生的客人—侍茶师互动，这种"联系"是怎么开拓发生的、哪些特质的人可以做好这项工作、怎么培养人，如何放权与让渡利益，这些工作表面是服务，深处是借由这一杯茶发生的人和人之间的情分。

为了行文通畅，我将当时的对谈与讨论转换成店长视角的叙述，突出每个门店的典型性和他们遭遇到的有共性的问题。

第四章　　李丽莲：事不做满，收获加倍

李丽莲是泉州安溪人，在做了 7 年半的店长之后选择创业，开散茶店一年后做了熹茗加盟商，现在是福州富力 CBD 店店长。

她带队伍、开新店、拓客和维护的能力都比较强健均衡，属于有力的实战派。能在各种陌生的环境中寻找机会，把触角伸到几乎所有的角度，并因势利导地做开创性的工作。她领导的 CBD 店创造出来的扫楼模式、拜访客户法，特别是主题茶会的客户运维，都堪称经典，对公司乃至行业单店都有借鉴和推广价值。

鼎茗的服务，一直被评价为"更细心、更周到"。

我在华祥苑做了7年半的店长,生小孩后就自己开了一家散茶店。一年之后,就加盟了熹茗。

我发现私人茶叶店没法跟品牌店竞争。客户更倾向于购买品牌茶叶,因为更有价值,更适合作为礼物。我的茶跟品牌店一样,都是去武夷山茶厂拿的。但我们拿的是散茶,回来自己包装,你每天干的事可多了,不停地包茶叶,而且品质有波动不稳定。而品牌店则正相反,选茶园选茶农还有品控的整套体系品质好且稳定。包装有专门的团队设计,而产品品质是最重要的。品质不好那服务再好没有用,你喝一次不好喝,就不会去了,不要说还有第二次的机会,没有! 所以我决定还是选个品牌做加盟商。但我没回华祥苑,吃回头草没意思。那时恰好一个同事在熹茗工作,他向公司推荐了我。熹茗的文化氛围感觉很适合,之前也见过朱总几次,特别关照人,像家人一样。我就决定加入熹茗。

我算是早期加盟商,公司当时对门店要求没有特别具体。基本上,门店面积要100平米以上,公司统一装修风格,不需要压货,且对产品价格和品质有严格控制。对我来说尤其看重的是公司提供产品专业知识培训,企业文化培训,包括武夷山游学,了解茶叶山场、制作工艺、审评等等,过去我们在铁观音为主的茶企工作对岩茶了解得并不多,而岩茶是熹茗的主打产品,培训很好地填补了知识的空白。我的团队成员大多是在华祥苑跟我很多年的,很成熟,培训之后很快就上手了。

如何在写字楼开拓新客户

店刚开的时候，我们每天都很焦虑。

选址的时候，有人建议我直接在老店旁边开，那样做不太礼貌，我不是一个放下筷子骂娘的人，我宁愿去新的地方尝试，我选了新规划的 CBD 区——这是高投入高回报的地方。问题也在这：片区是新的，区内所有公司都在装修，入驻率还很低。每天眼睛一睁开你的钱就出去了，但一整天没一个客人。4 个人守着 180 平方米的店相对无言，那种感觉很可怕的。所以我们首要任务就是要拓新。

最先我们是扫楼。每天出去，一个笔记本，一堆宣传小卡片，在周边办公楼区域逐栋逐层逐房间敲门，发卡片；每栋楼都单独做一个本子，记下哪一层哪个房间是哪个客户——只要来店里喝茶，客户说他在哪家公司，我马上就知道他是在哪栋哪层。这种工作，有一个最大的挑战：如何进入有门禁的写字楼。所以我们努力跟物业建立良好关系，这样不但能进楼，而且在收取物业费时还能顺便发我们的小卡片。后面我们就又有了新思路，手机上下载一个企查查，这样周边所有企业的电话我们就知道了，然后挨个打。

然后知道茶叶店的人越来越多，也有客户上门了。我们就势跟他们了解，比如是融侨中心的，我就问对方有没有客户朋友在这附近，有就给我们介

繼世書香

熹茗的文化调性吸引了很多加盟商。

绍。熟了之后，很多客人甚至拿出门禁卡，让我们自己去扫。生意就这样从无到有慢慢地好起来。

写字楼区拓客的成本非常高，服务标准也必须跟上。不能像住宅区那样接待客户，服务状态是完全不同的。我们这里的客户偏年轻——恰好熹茗品牌的客户整体都比较年轻，在35-40岁左右，甚至还有00后——写字楼区的工作特点决定了我们店的散客多，来店时间相对较短，翻台率很高，但周末不上班人就会少一些。

拜 访 客 户 ， 东 西 不 要 一 次 带 齐

有了客户之后，接下来和客户紧密联系就是最重要的。

我们每天常规工作之一就是约客户来喝茶，或者拜访客户包括去客户那里喝茶。我们与客户的联系非常频繁，一周至少见一次面，有时候甚至一天能见三次。

拜访的客户大致分两类，一种是熟客，一种是新客户。对于成熟客户，通常我一个人去就足够了。对新客户，我们通常去两个人——去的时间不会太长，可准备的时间很长。基本就是前一天要规划好，设想他们可能的类型和兴趣。一般去随身带一两泡茶作为见面礼，但不会带太多，带很多茶推销的成分太大，给客户的感觉不好。见面后，我们会留意客户的办公室环境，桌面上的东西，摆的书之类，因为这些细节有助于了解客户性格

和喜好。我们基本上都要去两个人，因为要干的事情太多了，一边跟你喝茶，一边乱看，不太合适不礼貌，两个人就正好，而且两个人看的角度是不一样的。回店我们几个人就一起交流讨论，比如这个客户适合谁去跟进，怎样更好维护。

总之，第一次拜访客户，就大概知道了客人需要什么，第二次再去就有的放矢，第二次带一点东西，也不一次都带齐——后续给客人新惊喜，可以继续拜访。生人变成客户，一次是不可能的，我们的经验起码得三次。不断跟他交流，慢慢地才会有连接。拜访后也要常发微信，第一次客人可能不会回复，过三天再发，一看前两天聊过，就会有个印象，再过几天我又发，他就会觉得这个小姑娘还不错。人怕见面，人怕常联系，我们的信念是持之以恒总会被认可。

我们会定期微信客户通知有关活动信息，但不会频繁，频繁就成打扰了。很多客户可能发了 20 条信息他都不会回，但他一旦要买茶就会想起你，这就是一种认知。我们要给客户这样一个印象，跟茶相关的事儿，第一时间就想到我。还有不定期的惊喜，比如像一些离得比较远不常见到面的客人，新茶上市的时候，我们会悄悄给他寄几套，也不提前跟他说，收到快递开箱那种惊喜，我想应该是很不一样的吧。

开店拓客阶段我们基本完成了，之后新客户主要来源就是老客户推荐和自然增长，客户群基本稳定，比如现在有 600 多个储值客户，其中活跃的有一两百个——储值额度从 3000 块到 10 万块不等，一般都在一两万左右。店里产品是 300 块、500 块、1000 块这三个价位最好卖，相当于是中等偏上一点的伴手礼了。综合来看就是客单价通常比较高，客户更倾向于日常消费而非一次性高额消费。我们会根据客户的消费习惯，提供个性化的服务和沟通，让客户每次到店都会很开心。反过来看，有些客户一个月消费1万，但他们不会一次性储值这么多，而是分几次储值，每次储值都很开心。在客户心理方面大概是：我一次性充值，只能开心一下，我分三次给你充，我可以开心三下，而且你给我的服务也不大一样，沟通频率更高。在我们店里，知道他的消费习惯之后，就给他标上五角星——知道这些客户是高频率客户，随之就相应地去做维护。

我问过一个老客户，熹茗的服务跟其他茶叶店相比，有什么特别？他告诉我，在服务上，熹茗会更细心、更周到。让客户满意说起来容易，做起来难。关键是在适当的时间提供适当的服务和内容，找到一个合适的场景并营造快乐的氛围。要做到这一点，沟通，包括顾客需求洞察、服务态度、团队协同意识和落地的能力都很重要。他赞扬我说，这一个商圈里那么多品牌茶叶店我都去过，我认为目前做得最好的是你们熹茗的店。

让员工挣钱，就是帮公司挣钱

我们店有4个人，提供住宿，自己租房的我们提供每月500块补贴，每天工作8小时。新员工的保底工资是4500元，转正后是底薪加提成。稳定的店员，平均月薪到手八九千左右——平时只要稍微努力，就能拿到八千多，年收入不少于10万元。这还不包括经营分红——像中秋和春节，工资会过万，有时候甚至两万多。对于我们当地女孩子来说，这是不低的收入。员工还可以持股，参与经营分红——如果要做股东，那就要看人品以及能力，包括是否能稳定为店铺贡献业绩。店长随时关注目标达成的情况，并与团队成员沟通，确保每个人都清楚自己的任务，也会在需要的时候及时提供帮助。

刚开店的时候，朱总每周都来我们店，问这一周怎么样，你接触到什么客户，你有什么想法，你要怎么做才能把这个店做好？他会一直跟你交流，有个什么新点子、新思路，会上下传达一下。他这么大的企业老板就是这么负责——就算稍微小一点，可能只有10家20家那种老板都做不到的。公司文化强调"成人达己"，就是先帮助员工赚钱，然后公司才能赚钱。为什么我们有员工持股和经营分红？就是朱总跟我说你一定要让你的员工先挣到钱，你才会随之挣钱。这种文化最显著的效果就是让我们的团队非常团结，都努力工作。

公司帮我们的，或者说让我们体会到公司和店铺上下同心同力的，不只是朱总关注经营面的事，还有对于市场环境应变的落地和支持，比如国家对高价茶和礼品包装出台了新规定，一开始客户很排斥，公司在这时候做得非常及时，不仅迅速按国家规定调整了产品，并且对新变化的传达培训得非常到位，让每个疑问点员工都能脱口而出。为什么要改这个包装？首先国家的规定就很细，内容物占到包装尺寸的多少空隙率多少等等，很客观能让客户信服。比如新出两泡装的规格，非常适合客户出差的场景，不容易压碎，且和外地朋友一起喝的时候，可以更好的调节茶量。有理有据，让客户理解我们，也看到这些变化的积极面。

最近有位客户，看到我们压力大，想定制白茶来帮助我们。定制要比常规产品的成本高很多，常规产品是大批量生产，定制品再大也相对是少量

当代茶馆的消费特色融合了商品交易、社交互动、文化沉浸和情感体验等多重商业价值。

的，而且包装和规格都要变更，甚至重新设计和开模。客户不理解这一点，我就把客户约到公司总部，然后营销、品控、财务陪着我一起和客户四方会谈一起聊，客户就理解得很透彻。我们是一个门店，但我们不是单打独斗的，我们是公司的一分子。这件事不大，但它让我很深体会到公司就站在我背后，自豪而又有力量，我们有坚强后盾。

要跟客户频繁产生联系

我们 CBD 店是工作区，居民不多，但有意思的是，现在很多每天来店里喝茶聊天的常客，都是退休的。比如有位老人家，退休在家赋闲，每天都会来两趟。他的日程基本是这样的：早上一起床，去菜市场买完菜回家，他就会问我上班了吗，上班了他就坐公交，来喝一两个小时的茶，到中午要回去煮饭了，再坐公交车回去。每天傍晚，夫妻俩会一起过来喝茶——最早以前都是走路来的，现在因为身体的问题，才坐公交车——喝完茶再一起散步回家。

有一位 10 年老客户。他在店里看上一个茶盘，特别喜欢，但那是别的客人定制的，后来我花了不少精力为他找到一个类似的，就这样成了朋友。他是宜兴人，夫妻俩都很喜欢紫砂壶，他收藏了好多把，我说你拿过来我帮你养，你可以每天过来看看——茶叶店每天泡茶，养壶方便。我给他养了很多紫砂壶，也借由壶多了很多和他的连接。他也买了茶叶专门养壶用，每天一泡茶，我每天给他的壶拍一张照片发给他。现在我跟他买了同一个小区的房子，跟亲人一样。我有个女儿，他小儿子从小到现在一直喊我丈母娘,他们不在家的时候,我公公婆婆就去帮他接孩子,煮饭给他小朋友吃,我们的情感链接是这样子来的。

有客户储值了很多,但他买茶时又不用储值的钱,单独转账给我们,奇怪吧?还有个认识15年的客户,知道我有业绩目标,哪怕他不需要用茶,也会给我们充钱。我们对着很多客户,客户也对着很多茶店,他在我们店买,也在别的店买。那客户本来只想在你这里买5000块,为什么现在买1万块?这就看你有多勤快,服务能否跟上。当茶的品质不用操心,那就要从服务上操心。

我们的客户微信群经营得不错,群里的人都喜欢喝茶、聊天。客户会把跟他有类似爱好的人拉过来,我们也会根据不同的兴趣爱好把新客户分到不同的爱好群,保证让群里每天都有互动。除了在线上,更经常是群友约了线下到店里一起喝茶,每天来可以喝三四泡。茶每个人出一泡,AA制,这样一来大家能喝到更多好茶。这样的方式甚至会让客人在茶桌上流动起来,每一桌都坐会儿,一坐好几个小时,每个人喝个好几泡茶,因为人多,你对茶的见识也会变多。在我们福建,茶是社交的名片,人们通过茶来交流同时又在交流中了解了更多的茶和一起喝茶的人。

鼓励每个群自主举办茶会,是我们现在感觉不错的互动方式。

早期的茶会是公司教我们、派人带着我们做。是对客人免费提供的增值服务。记得第一次是茉莉花茶主题的"茉上茶会",一开始我还有点担心,这么文雅客人会不会不习惯,结果反响意外地好,我们的客人说从没有喝过这么好喝的茉莉花茶,还为茶会写了一首茶诗,如果不是这场茶会,我们都不知道原来客人这么有才华。有了这么好的体验，后来就变成客户们自己张罗着要办茶会。他们邀请人、自己支付所有茶的费用，我们负责服务流程和场域支持，一般一场茶会 15 ~ 18 个人，可以有品鉴的主题，也可以就是喝他们自己想喝的茶，消费一般在 1 万块左右。

一位客人是做保险业务的，他经常在我们店里办茶会，我也会介绍别的客户朋友参加。成没成交不重要，交个朋友也好，同时也是一种相互影响的过程。很多朋友和公司同事看到他通过办茶会来做用户沟通，也希望结合自己的业务办一场，于是各种各样的茶会就像涟漪一样慢慢扩散开了。

我们店办茶会非常多，主题也多，比如春天龙井茶的三清茶会，夏天以荷花窨茶为主题荷夏茶会，秋天桂月茶会，冬天围炉煮茶、麒麟茶会等。公司会为我们设计好整个流程，茶品茶点，活动的游戏，办一场茶会也是整个店铺很好的一次培训和团建。后来我们也会结合顾客的特点为他们设计专属的茶会，比如我们的房东就在我店里办了一场茶会主题的同学会，通过茶会和我们的客人互动，做起来既好玩又很有文化。不为业绩而做，却带来了业绩和额外的很多收获。

茶会帮助茶客之间发生了频繁

第五章　　林峰 ：茶馆要有人情味

2016 年，林峰和几位伙伴集体进入熹茗，现在发展成有 7 家店的加盟商。她原是个有点自卑的茶小妹，倔强、好强的性格使她走上加盟创业道路，又通过勤思、好学、实践完成了从打工者到一个成熟茶店经营者的转变，成为莆田地区茶行业的佼佼者。她对茶馆的理解，不仅仅是提供服务和体验，也是经营关系，她让店里有人情味，又从来不越界，不滥用客户的信任。

如果恰如其分地形容她的资历与能力，那就是她无意间的一句话："我是宁德人，宁德时代还没成立，我就已经开始做茶了。"

把茶馆变成关系汇聚处，是很多店长的经营心得。

选择熹茗有三个理由

我是 2008 年开始进入第一家茶企的。那是一个很大的茶店，放着古筝音乐。我是农村的，很自卑，想要去高大上的地方工作，对能在这种茶店上班很羡慕。看见招聘信息就去应聘了，他们说我有潜力做销售，就这样被聘上了。

再好的环境久了也会佛系。几年后在第一家茶店就干到瓶颈——真的干不动了。我后来尝试做淘宝，非常拼。莆田有几个大产业，除了油站、木材、黄金、医疗，还有仿鞋、衣服等。线上卖了几年衣服鞋子后，觉得做电商的人生活太孤僻了，交流都隔着屏幕，我本心还是喜欢跟人打交道，那就重回茶行业吧，我跟几个茶行业出来的姐妹合伙，找茶品牌加盟，最后找到了熹茗。

我是 2016 年 12 月加入熹茗的。当时选择熹茗是因为三点：

一是岩茶的走势。市场方面，2014 年岩茶的生意不是很好；2015 年市场占比越来越大；到了 2016 年，岩茶变得很流行了。之前市面上大的茶企都是做大众化的铁观音，如果做岩茶可以顺势给客户更多选择。重推岩茶是从熹茗开始的，是岩茶品牌的领军。熹茗几乎是必选。

二是熹茗产品做得都非常好。其中一款漂亮的，让我这种做茶这么多年的人看了都忍不住想买想喝，给客人介绍就很有信心。加入以后才知道，熹茗的竞争力是体现在产品品质、包装风格和社交礼品属性上，而且最重要的，品质是老板亲自抓的——这给所有的销售终端很大底气。

三是朱总很希望我们加入。当时我们没钱，朱总直接特批了我们半年的账期。

把茶馆变成关系汇集处

在三线城市开茶店，选址很重要。莆田这个区域相对小一点，品牌也多，我们的店都在莆田中心位置，吸引客人又方便停车，店面装修也是最新的3.0版本，很大气。熹茗在莆田已经有一定的市场占有率了，不管是产品品质还是服务都很过硬。比如说我们员工的仪容仪表是很标准漂亮的，员工永远是盘着头发扎着发簪没有碎发，穿高跟鞋，制服干净整洁还要熨——我给每个店的员工更衣室都配了熨斗，熨了制服会挺拔一点。很多客人见到我们团队都说这才是品牌店该有的样子。

竞争还是很激烈的，一条街上有十几家不同品牌的茶店，但它们掼蛋打牌喝酒之类的都做。只有我们熹茗，只喝茶，坚持这种纯粹的业态，不会让客人在这里打牌或做其他事情。如果客人要求，我们就会很委婉地拒绝，解释说店铺设计时就没考虑茶桌打牌。一开始有些客人可能不高兴，但时间久了也就理解了，喝茶来我们家，打牌喝酒去别人家，这就实现了茶店的功能细分。如果有外地朋友要体验茶文化的，肯定会带来我们店。

熹茗的侍茶师都经过茶美学的专业培训。

虽然我们店只喝茶，但也有别的亮点，比如茶点。

挺受欢迎的一款茶点就是"万元茶叶蛋"。诀窍就是我们都用很好的高端茶叶煮，才能确保茶叶蛋独一无二的美味——1000块钱一斤的岩茶煮出来不好吃，要用5位数以上的；水仙煮的还不太香，得用肉桂——便宜的茶叶煮蛋是没法子跟我们比的。我们有位客人，每天都来喝茶，茶叶蛋要两个，打包带走，说回去和他老婆一人一个。我们的茶点水果，都是挑选上市最早、最贵、最好的，比如枇杷。莆田是中国枇杷之乡，我们店给客人提供的是枇杷里最好的品种"白梨"，果皮薄且果肉柔嫩，轻轻一碰就容易坏，不适合长途运输，所以基本只有本地人知道。这种枇杷一年只有15天的上市时间，剥开果肉纯白清甜，非常细腻——枇杷好吃，但剥皮是一件麻烦事——我们会看顾客茶喝得差不多的时候，迅速剥出一盘匀整去核的枇杷送上桌，不能提前剥，容易氧化变色，那就不好看也不好吃了。你看就是这样掐着点儿，一盘莹润白嫩的枇杷整齐码在青瓷小碟子里呈在顾客面前，他们可以直接享用。对，就是享用。我们有一个小信条就是：要宠着我们的客人。重点是所有这些都是免费的。我们就是要打造一个有温度的茶叶店：不仅仅提供产品，更提供一种比家里还要舒服的感觉和体验。

俗话说，养成梧桐树，引得凤凰来。客人体验好了，有任何需要的就会想到我们。不仅是需要茶的时候，还比如会客、面试、谈生意，甚至相亲，我们店就被称为月老店——很多相亲的都来这里。有位客人家族里的小辈们几乎都在我们店里相过亲。上次他儿子的小舅子跟我说，他姐姐和姐夫就是在我们的店相亲定情的。很显然，谈事和交流的话，茶馆肯定比饭店更适合。在莆田，我们店就成为了一个重要的、有一定档次的社交场所——因为店里的人靠谱，贴心又有分寸，能帮助做好接待工作。如果我们允许在店里打麻将或掼蛋，它就不会成为相亲、接待朋友、体验茶文化的地方。

茶是一个重要的载体，连接了人与人之间的关系。在中国传统文化中，不管是人情味的礼尚往来还是淡如水的君子之交都可以通过茶来完成。所以公司从一开始就决定做大店，配包厢，拒绝嘈杂的活动。

喝酒的交流和喝茶的交流完全不同。喝酒能让人迅速亲近，但那种勾肩搭背可能是酒精的作用，喝茶建立的关系更真实长久。顾客都明白，店铺是消费场所，但如果经营者功利心重，顾客就会很有压力。我听过很多客人说不喜欢去某某店，就是因为店员话里话外都在试图让他买茶。我们的理念是要把顾客当朋友，要让顾客来了就感到放松、舒适，人情味特别浓，这是我们刻意要做到的。很多客人在这里谈成了重要的生意或建立了重要的关系，那我们店就成了这些客人爱屋及乌的标志和寄托。而这种事业上的重要时刻，我们就在他旁边。你说这是不是一种很好的感觉？

刚才说我们刻意做，是的，是刻意，但不矫情。人心都是肉长的，我们顾客都是本地比较成功的，见过很多的世面的企业家，你心里面的那点小九九你不用说出来，你观察他，他不也在默默地观察你？表面上客人不言语，即使是今天你让他不开心，有的顾客也不一定会表现出来，只是以后他再也不来了，客人用脚投票。他默默地观察你，直到心里说了ok，小勾打起来了，他就会开始真的对你很好，持续地信任你。

我平常给客户都会发祝福短信，不是群发的那种哦，发的时候都带上名字。有一个客户我虽然持续给他发，可他从来也不回，而且很长很长一段时间没见过面了。大概一两年以后吧，他突然找我买茶，我才知道，原来那段时间他出国了，这期间号码没用。等他回国用回国内的号码，手机里躺着几十上百条我的祝福信息，每一条都有他的名字，当时他就联系我了，跟我说，"你很厉害，你把账号发给我"，然后就下单了。

我之前问过一个客户，每天有很多茶叶店给你发信息，你会回吗？他回答我，没有都回，但会看哪个店不发了，不发的就不去了。客户在乎的，其实是你是否真的在意他。

客户一旦信任你，你就进入另一个世界。他什么都会支持你，只要你说出来，但是正因为他信任你，你有的话就不能说出来，这是条底线。我们跟客户就是处在这么一种平衡中。很多客户支持你是很直接的，像刷卡充值什么的。但顾客要充值时，我们一看他们卡里还有钱，就会提醒他先不要充，等他真的有需要再充也不晚。

有一位顾客，每年店铺生日时都会第一个来刷第一笔钱，作为给我们的开门红。他每年都刷10万，已经持续了很多年。还有一位顾客非常支持我们，每年大年初一都来给我们发红包，把我们当成家里的妹妹一样。不少客人经常带来好吃的、好喝的和其他有趣的东西跟我们分享：店里常常能收到客人送来的花，水果什么的；从外地来的客户，还特意给我们带来当地的特产；有的客户也是我们的保护者——当他们看到同行不是很公平的竞争，甚至会告诉别人不要撬我们的生意。甚至有的客人已经变成了家人，我的一个合伙人结婚，就邀请了很多顾客作为亲友——之前有位客人的母亲去世，他也邀请了我们。有时候顾客的孩子结婚，也会邀请我们参加。他们没有把我们当作是茶馆经营者,而是当作朋友、姐妹,甚至是家人。

不是说没有负面伤心的事,而是这些正面的抵消了那些不好的事情。开门做生意什么人什么事都会遇到,也有客人喝了酒来店里发酒疯,声音大吵闹,哪个店都避免不了,遇到这种事,我就会提醒员工,这时候要想想那些对我们很好的客户。我们经历了很多动人的故事,这让我们觉得这份工作有意义。我们尽量用温暖的事情来鼓励员工,让她们体会到工作的价值。

要敢于把店交给员工

现在我们团队有 7 家店,莆田 6 家、泉港 1 家。单店有 6 个员工,包括老员工和新员工——都是 00 后,04、05 年的,很有活力。现在的小朋友和我们上班的时候不一样。我之前打工的时候,在店里一刻不敢停歇,店里没客人就去门口站着迎客,或是擦玻璃、洗杯子,总是找事情做,让店长知道我不是闲人。以前是竞岗机制,完全凭实力。现在我自己做老板当店长,员工不但不能骂,还要哄着,还要不断挖掘员工的潜能,鼓励试错,增强她们的实力。我最开始时不习惯,经营得不太顺利,切身感受到当老板的不易。

我觉得人员管理最难,比做业绩难多了,客户维护我很擅长,但员工太难把握了,不太有耐心带人,什么都自己干,结果快把自己累残了。公司的人也常苦口婆心劝我要去培养团队，没有人就没有办法发展。

我创业10年，接触了很多员工，有的留了一段时间，有的很快离开了，挺可惜的，也尝试过花很多心思去带人，但不是你愿意带，人家就愿意学，千里马比伯乐难找，员工不理解的时候，对培养有抵触，感觉我们在压榨她们，有的害怕犯错不愿多做。离职有各种原因，比如薪酬、压力大、业绩压力等。面对员工离职，从自己的情感上来讲，我真是有被背叛这种感觉，有愤怒也有失望和深深的疲惫。有时候员工因为一些小事就第二天就直接不来上班了，招呼都不打，我们也会觉得很无奈。招人－培养人－离职，像一个无解的负循环。

现在的人力环境，能沉住气干出来的本来就少了很多，又陆续有离职的，弄得我焦头烂额。朱总曾专门来找我说：林峰你好好想想，为什么你没有员工？我当时真的眼泪都流了下来，朱总这句话说得我太难受了。冷静下来我好好想了想，感觉员工问题跟我的心态、性格有关系：我虽然能干，但内心特别倔强，觉得不能用的人，我宁可自己上全天班，我就是不用你，但是站在团队发展角度，没有人可用是个大问题。这很矛盾又很痛苦，你又没有办法把员工粘在桌子上。将就用，其实带来的后果更麻烦，她负能量、不做事，对其他员工影响更大。

以前我还会盯着她们做事，比如说这个客户来了，怎么做我会在旁边一直讲。因为我怕员工做得不好客户流失。其实这就是墨菲定律，你害怕的事情它一定会发生的。

从去年开始，我们心态上有所调整，不再强求员工一定要为我们所用，如果离职应该坦然接受。我放权给他们，比如，我会鼓励她们不要小气，要对客户有所付出。我会观察她们，根据她们的能力水准，给她们配比不同等级数量的试泡茶，让她们分享给客人，可以不够但不能剩下。我从全面管控亲力亲为改变到建立一些规则并只在关键点上把握——比如她们在店里接待客人的时候，需要帮忙的时候我才会出现在茶桌上；她们去拜访客户时准备礼物，我会把关——确保茶叶是客户喜欢的那一款；。

以前我是害怕，现在我学会了信任。这些改变从内心来说很难，但效果真的是很大，员工态度一下子就变得积极起来了。她们自主销售，自己找活干，甚至安排店里的日常工作如消毒和清洗。过去公司组织武夷山游学，我希望员工参加，但没人去，现在机会一放出来，她们就主动要求去。她们的转变让我得到正面的回馈，很欣慰，同时对自己的转变也不再忐忑了，更踏实更有信心了，收获真的很大。00后很有生命力，很有活力，要勇敢一点交给她们，她们总会做好的，第一步就是你自己要信任她们，让她们感觉自己在进步、成长，感觉自己在创造价值，感觉自己在公司中不是普通员工，她很重要。

现在店里是一种什么景象？——比如说婷婷来了，她们就说小施你赶紧去接待婷婷，她是你的客户。然后发现小施去了很久没动静，她们就会在群里发信息，怎么样？喝了什么茶，喜欢吗？需不需要我帮忙？水果上了吗？今天她有没有可能充值？小施可能说有点难度。她们就跟我说：店长你看着店，我要去楼上（帮助小施了）——你看，她们会自己做，已经不需要我了。如果实在搞不定，她才会寻求帮助。这时我就会鼓励她没关系，客人这次没有消费，只要下次还来我们就有机会，不要着急。目标没达成，她们自己会失望，不会像以前，没有就算了，完全不用心。现在不但主动做，寻求方法，解决问题，还会总结经验，主要的是她们都有团队意识，群策群力。这是很大的进步。

现在很多的门店都普遍有用人留人的问题，我觉得要留住员工，最重要的是让她们感知到自己在进步，要让她们觉得自己在这里是特别的，不仅仅是普通员工，店长和客人都喜欢她们。这是一个很难的过程。我做了这么多年，现在心态平和了。现在如果员工离职，不管是为了更好的发展，还是因为我无法带领她们前进，我都会祝福。

有个员工是00后，每天一上班就给我点奶茶，莆田各种奶茶都点遍了，后来我给她下死命令，不准再给我点了——你挣的那份工资全顺我嘴里了。我其实知道，虽然她工作了但她妈妈一个月还补贴她4000块，之所以总是给我买奶茶是她觉得自己干不动业绩，而我又对她挺好的，她就通过这种方式来表达爱我。后来她对我说，店长我感觉帮不了你做业绩，我想回去。我说没事。她说不，她自己过意不去。这不是一个成功的好例子，但是这说明我们付出了很多真心对待同事，店里形成了一个有爱的氛围。过去我想去旅行的时候是甩手就走，现在甩不掉门店，更多的是舍不得——舍不得温暖的团队、客人，舍不得我们一起营造的场域。

这么多年，我们经历了很多人来人往。我上面说的是经验，不是场面话，都是我自己从教训里学到体会到的。

莆田区域小，品牌多，但我们已经有占有率了，我挺满足的。

嘉茗茶莱

▎ 茶馆的业态不断升级，已经完全不同于传统茶叶店。

第六章　　陈兰芳：在同事中寻找合伙人

兰芳是福州永泰县人，熹茗"正儿八经"的第一个加盟商。2013 年 1 月加盟，现在有福州店和长乐店。

从 2009 年大学毕业开始，兰芳一直深耕茶行业。最早在三和茗茶，从店员、店助、店长做到督导。由于喜欢自主性高的工作，也对改变自身境遇有强烈的渴望，兰芳加盟熹茗开始了自己的创业，在福州长乐开了第一家店。

她最大的收获是与客人成为好朋友。她不把客人当作买卖的对象，从而能与客人处在一种非常舒服且相互关照的关系中：既能准确察觉客人真实需求，也能从客人身上学习很多。

虽然 2020 年之后生意有不小的波动，但有两件事是兰芳认准就会一直做下去的：一是开店，二是做茶。

茶叶审评，也是茶馆侍茶师常有的训练。

不做顺的事，要做对的事

开始我是做铁观音的。

那时候整个市场几乎都是铁观音（闽南乌龙茶），很少做岩茶——我们闽北的乌龙茶，但知名度、曝光度都不能跟铁观音比。做了几年之后，我想开自己的店，就开始留意，一是是否继续做铁观音，二是选什么品牌加盟。

我当时感觉市场要慢慢往岩茶偏移。在我们喝久了茶的人看来，铁观音相当于入门，很香很甜很顺，仅此而已。但岩茶会有各种不一样的口感滋味：同一种茶，不同的师傅做，它呈现出来口感滋味都不一样，这是很能吸引人的。很吸引人就应该有越来越多的人喝，比做铁观音有意思，那就这么定了——做岩茶。

类型选好了，下面的就是要加盟哪个。

当时市场上只有两家岩茶品牌：御华苑和熹茗。这两家的区别，无非是老朱做熹茗之前开的，还是老朱现在开的。一个茶友跟我说过禅，有句话是"红花白藕青荷叶，三教原来是一家。"讲的大概就是这么个情况。

选熹茗有一些来历。

在做铁观音的时候我见过熹茗的一款产品，叫"修身四大名枞"。在那个年代市场上第一个凭包装被人记住的就是它。蓝色布面古书一样的四小盒用一个书套包着，典雅大方，我觉得整个人被击中了——一家茶企，做的东西这么有文化。毕竟，我们这一行，客人进店喝茶喝的也是文化。这款包装让我感觉很舒服，以我做茶的本能很想了解熹茗。

一个老领导建议我喝一喝熹茗的茶。我喝完之后就觉得，它的口感、价位、性价比挺好的，再结合"修身四大名枞"古籍包装留下的深刻印象，我就联系了熹茗。总共见了三次面就签下来了，第一次是见招商经理，第二次跟朱总见了面，第三次聊合作细节。

一旦选定，我就一定会做好。这就是我的人生信条。

其实我做铁观音品牌的时候，已经具备了一定的开店能力——比如新店装修、空店整货上架到运营招人、员工带教这些。2013 年 1 月份签的合同，6 月 29 日开业，半年时间开起了我的第一家，也是熹茗的第一家加盟店，开在长乐。2018 年又在福州开了第二家。

我住在福州，第一家店开在长乐，这是因为我的客户都在那里。他们都是我之前在打工当店长的时候积累的资源。像我们这种第一次创业的，资源在哪里开店就优先选择在哪里。这样前期至少会给你一定的底气，让你不会害怕没有那么多顾忌，毕竟后面还有一堆老客户在支持，你会更有劲地往前冲。

我是熹茗的第一个正式加盟商。很多问题都是新的，要一起摸索商量着来，每次开会，门店的店长，熹茗的工作人员，甚至老朱都一起来讨论。第一个问题就是这个店你想开成什么样子——那个时候熹茗还是会所模式，湖东路上的熹茗会，1200平方，江南的小桥流水连贯其中，很有意境非常有档次，但成本也很高，对我来说，是负担不起的。于是老朱和团队一起，打磨了第一代门店的装修标准，保证品质调性的同时，尽可能降低成本。第一家长乐店从签约到设计、装修、开业是半年，到我开第二家店的时候，300平方的店三个月就能开出来了。万事开头难，公司一直都在进步。

熹茗负责这个区域的人全程跟进这家店。零售选址是很重要的事，比如你初步选好了店址，区域负责人会来帮你看，看选址、租金成本等对我们加盟商有没有利，附近商圈情况怎么样，能不能长期运营等，如果判断不合适，他们也会一起帮忙找，直到有好的位置，面积租金都合适的。后面的装修图纸也是公司出的，平面图动线什么的老朱都会亲自看。如果有需要，公司也会推荐之前合作过的装修团队，员工的招聘，开业的筹备这些，也有区域经理、培训老师来驻店辅导。

长乐店开了几年，我生小孩去了。孩子小的时候要照顾，没有办法完全在一线，到小孩上幼儿园了，我觉得又可以出来再做事，就跟朱总说，我要再去开个新店。一星期我就把新店位置找到，在福州会展中心——离我家比较近：顾得到家，又能顾得好店。当时有一个契机，公司正好要升级门店形象标准做2.0版本，就选中了我的新店来做样板店，老朱很重视几乎全程跟了设计装修，我都不用怎么操心。

为了给客人更好的环境提升客户体验，长乐店后来也做了一次翻新和升级，十年来，建店、旧店翻新、搬迁新店这些，在我这边都觉得很简单。公司有专门的支持团队、合作的装修公司帮我解决了，这也给了我建立了一种认知——找对人找对品牌很重要，专业的事情要让专业的人做，你会省时省心省力。不能一味地想省钱，你做不了的活就要给别人做，省下来的心力可以支持你去做更大的事情。

生病在家休息，客户帮我看店

店的硬件做好，重心就放在客户上面——生意就是跟客人的一种互动。

我的两个店，客户是两类人。

长乐做纺织、钢贸生意的人多，客户底子相对会更雄厚一点，对方认可你了，马上就会成交，而且会非常看重人情。福州会展店，位置其实在城边上，比较偏，虽然也有小 CBD 之称，但商圈不是很成熟，公司少，拆迁户多，对茶的认知消费还不太够，实力没有那么强，客单价低。偶尔会有一些外来的客户——比如展会期间，跟这类客户介绍茶，就要有很强的茶叶知识，有时甚至需要从各个茶类讲解到岩茶再到每一款茶的特色。之后，客人可能会买一两盒茶。新入茶门的客户比较考验你的耐力跟耐心，会比较磨练员工。在福州店，我们需要更多的知识，更多的维护，花更多的心思才能做到长乐店同等的业绩——在福州店我要做好几个单子（都是一千两千的），长乐店可能一个单子就是 1 万。福州店从 2018 年开业就是我自己带，2023 年年底我去带长乐店，就觉得长乐的客户跟神仙一样。

南国风情的藤椅，既有设计感，也体现本地世情。

开店十几年，最大的收获是认识了这些客人，好多都变成朋友。有一个客人，跟我大哥一样。他在我们店消费不是最多的，甚至可以说是比较少的，但他非常认可熹茗，走到哪他喝的都是熹茗的茶，还向他的整个圈子介绍熹茗的茶好在哪里。现在，他的朋友都在喝熹茗的茶。我跟这位大哥学了很多茶以外的知识，比如佛学。他的一句话，直到现在我都记得很清楚。我那天跟他抱怨：很多时候是别人做得不对，反过来却影响到我们的生意，心里难受，堵着一股气。他说，"你要想开，放过他就是放过你自己。你不生气了，不计较，其实就是给自己在积福。"我后面发现是这样子。很多时候，我碰到事情一瞬间想不通，被他开解一两句话，就想通了。

现在来店里的客人，越来越年轻，80 后已经是主力，90 后也开始变多，偶尔还会有一些 00 后。但在早些年的茶客基本上都比较年长，他们会在喝茶聊天中教我们很多人生道理或客户擅长的一些事情。也有些老客户习惯一个人、一个固定的时间点来，喝一两泡茶。有的早上一开门就来了，客户在那之前可能散了步、运动完，来店里喝一泡茶。这时，不用多说话，就泡你的茶，客户一边喝一边在手机上看新闻处理事情，坐个半天。

茶馆晚上商务局多些，客人来去匆匆，基本上谈完事情就走。也有三三两两朋友之间聊天，坐两三个小时，朋友走了继续跟我们聊天。这种场景的客单价一般不高，消费最多的客户反倒是不经常到店里的。大客户没有那么多时间在店里喝茶，他有好多忙的事情，我们一年也见不到几次面。他们的消费习惯大都非常明确、专一，从头到尾都是拿他认准的某一款茶。比如有人喜欢"牛魁"，他一次拿几十个"牛魁"，你跟他讲这段时间其他款有活动，他也不会考虑改变，不在意价格优惠。这种稳定大客户的维护需求反而很少，他跟我个人之间的链接会多一点，对门店空间的需求很少，要什么茶都是直接在线上跟我说，我给他发货就好了。

刚开始干这一行的时候，每逢节日我都会问候每个客人，群发或单独发。我们的客人在这样的节日里常常被各种信息淹没，不堪其扰，后来我就只在中秋、过年等这些非常重大的节点发一条信息，或者某一款茶搞活动，价格真的特别优惠，我也会私信客人。现在我跟客人的日常互动，主要以朋友圈问候为主。我会关注每个客人发的朋友圈，记下他的动态。而我发一个动态，客人基本不会点赞，但是你会发现偶然的某一次聊天，他会跟我聊起这个事情。

客人对某个品牌的认可绝对是建立在产品之上，但选择跟你长期合作，肯定是看中你的为人——客户很喜欢熹茗的茶，但熹茗门店那么多，他完全可以到其他门店去喝。为什么选择来你的店，绝对是认可你的为人处世。

到这种关系，已经不能叫客户了，已经成朋友了，会很挺你的。对这群人，店里有事我基本上也不轻易开口，你开这个口了肯定是有急事，他们绝对是你一说，马上会到场支持。

新冠肺炎流行时的一件事，让我特别感动。

全面放开之后，只有我跟店助在店里，结果我们同一天"阳"了。门店不到万不得已是不能关门的，一年的休息时间也就过年那一两天。客人习惯了有需要随时过来，你一旦关了，客户有需要的时候不知道找谁。"阳"了之后我们都很难受，第二天根本没力气爬起来开门，我就发了朋友圈。有个客人看到后就跟我讲，如果你不介意的话，我去帮你开门。我说我们是不介意，但是如果开门就要开一天，会比较累。他说没事，他来到员工宿舍，从窗户拿了钥匙帮我们开了店门。公司的区域经理通过朋友圈知道了，很快也派了一个人过来，一个客人一个公司的同事帮我看了一天的店。

新冠肺炎流行期间，感冒药发烧药就很难买，有客人就问我们是不是买到药了，没有的话要给我送过来。大家都愿意锦上添花，但雪中送炭很少，认识这样的客人，很感恩。很多时候，如果你没有碰到事情，你都不知道身边还有那么多人在关心你。

招人要招人品好、又渴望做事赚钱的

经营门店，最大的压力是人。

我现在两家店，都是三个员工。茶馆这行，从业人员普遍有几个共性，一是文化程度相对比较低。以前茶小妹基本上都没文凭的，甚至小学都没有毕业，现在才偶尔有一些大中专生；二是等到她二十几了，要成家，但结婚后又要带小孩、照顾家里，很难再出来了。走的都是干了七八年甚至十年的熟手。每走一个，还得招一个从零开始带人，头疼。

我招人看两条。第一是品性。能力不够，可以慢慢培养。一个小白进来泡茶，一个月泡不好，两三个月总会成长起来。有些女孩子聪明，销售也厉害，但是她跟你不配合，漂浮不定，会破坏店的整体氛围，她一走，培养都打水漂了。第二个要求是她必须想赚钱有目标感，想赚钱就得努力提高自身业务能力——提高能力就涵盖各个方面的学习。

我拿自己举例子。我受的家庭教育就是：先做起来，不挑工种，凭自己的工作能力先挣钱养活自己，再说其他的。2009 年我刚毕业，进了铁观音品牌店工作，从福州调到长乐做店助，正常是当月 15 号发工资，结果我来的第一个月，到 15 号没发。因为刚来买了很多生活用品，我身上只剩6 块钱，跟我一起来的另一个小姐妹，身上一毛钱都没有。我们就去找店长，说我们身上都没钱，店里能不能先借 100 块钱，其实是想问店长借但不好意思说。店长说不行，店里的钱不能动。公私不能两用，这能理解，但店长自己也没主动借钱给我们。

16 号早上我拿仅剩的 6 块钱，去街边卖面和鱼丸的早餐摊，一碗粉是 3 块钱，买了两碗粉，我吃一碗，同事吃一碗，吃完的时候是 10 点多——这个时间我印象很深刻，发工资了。一下班就冲到银行去取钱。没钱太久了，知道钱的必要性，所以对茶小妹的生活压力感同身受，我要让跟着我的小妹能挣到钱。反过来说，当你有赚钱的信念，就会想把事情做好，你就只能一股劲往前冲，不能给自己留后路，生活也不会给太多的后路。

我对员工有一条最基本要求：一定把每一泡茶都泡好。第一道茶你都没有泡好，客人顿时失去兴趣了，谁还想听这泡茶后面的文化？其次，要把茶泡出它应有的品质，一斤 1000 块钱的茶，你泡出来客人喝着感觉就 800块，我泡出来，客人喝出了 2000 块钱的味道，这个就是泡茶技术的体现。茶道有千条万条，要体会要练习；客人有千人千面，要交流沟通。员工需要学的知识面其实很广的。

茶馆夜间的商务局很多，往往侍茶师要陪伴到深夜。

新员工来，我们会从茶叶基础知识、泡茶规范标准、企业文化、产品到礼仪服务标准等都按公司培训教一遍，这些都是必修课，是工作范畴之内的东西，日常中基本够用了。但这些知识每一个员工都具备，你如果没有更丰富的理解，怎么体现出你更好的服务品质？这就要大家有上进心，主动多听多看多练多学，不主动的话，靠我盯着也没用。我对员工的要求就是你在上班的这8个小时把你该做的事情做好，下了班，学习得靠自己。

关于客户服务，店里有很详细的划分，谁的客户谁来跟进。我自己服务一些大客户，抓大放小，把小客户的给店里的员工，一个人精力有限，如果都自己服务最后只能是一个客户都顾不好。如果所有的客户都在我手上，反而也留不住员工，所以一些新客户，我就鼓励员工冲在我前面去接待，接了这客户就是你的。你不能让员工一天到晚在店里，只是端茶倒水洗杯子，所有的业绩产出都是店长，员工只是打杂的，要让跟着我的小姑娘们能挣到钱，要让客户既认你也认员工才行。有些店长把所有客户都揽在手里，怕员工万一离职去别处把客户都拉走，这是店长不自信、能力不够。

也会有抢客户的情况。这需要店长把控好，你在店里看到了就当场解决；如果不在或没看到，那你听汇报找旁证，分清的当场断，分不清的各一半，再给三个月的时间，看谁能把客户服务更好，谁跟到就算谁的。员工都是女孩子，一些小矛盾虽然不是大问题，但处理不好可能是大隐患，情绪积攒到了一定时候就会爆给你看，所以一定要及时处理好。女孩子的脾气来得快也去得快，你疏导出去了，她就不会放在心上，员工也觉得你处事公平。如果你做的一些东西她不理解，就得私底下跟她去交流，解释为什么这么做。如果店长只会告诉下面的人要做什么，但没解释为什么，员工就很容易蒙圈。她们只有知其然知其所以然才能把事情做好，然后触类旁通。每天的交接班会议也是保证店铺运营的重要机制，会议有固定的流程和内容，包括客户的各种情况、未完成事项、优秀服务案例、需要支持解决的问题等等，大家都心明眼亮，有成长，才能给客人提供更好的服务。

很多人靠钱留员工，钱肯定是很重要的，特别是前期，但等到她有一定能力的时候，对于钱就不是第一看重的了。你要想留住人，可能更多的是在日常的关心。她不是特别看重钱的时候，还愿意跟着你，肯定是看你的这个人。单单用钱引去吸引，钱总会有被比下去的时候，而人品就很不一样，你为人好，她和你在一起工作很舒服又能学到东西，就自然会一直跟着你的，也愿意把茶当成事业。这时，我和她们分享股份，让她们成为我的合伙人，真正成为利益共享、风险共担、志同道合的一家人。

第七章 詹秀珍：从煮饭开始带团队，干出8家店

秀珍是熹茗杰出的"裂变系"加盟商代表，她通过团队加盟再裂变实现了结构性扩张，达到高速增长：加盟当年一年内就裂变了3家店，现在达到8家店。

她在不断地开新店过程中，摸索出了几套行之有效的人才培养方法，包括独创的"煮饭训练法"，使业务快速增长的同时，团队素质也快速提升。这个极具特色的模式是如何实现的？

店长们最苦恼的问题之一，就是人才问题。

要多赚钱，只有创业

我是闽北人，从小所闻所见就是茶，跟茶的缘分是天生的，自带的。这种感觉有点像那句歌词唱的"从来不需要想起，永远也不会忘记"，但真正跟茶结缘完全是因为我辍学后需要一份工作，但没想到工作之后就一切都是茶了。挺直接的吧，我就是直奔目标的人。

当时进了一家铁观音品牌店当茶艺师；我六个月就晋升到了店助，这个升职速度算是很快的，其实那时候我刚入茶行，工作经验各方面都很弱，但是就是一个劲儿地想升职，所以拼命学拼命干。做了一段时间店助，很快又不满足现状——我要当店长。店长身上有很多的光环和学习机会，还有更大的责任承担，这些都算诱惑吧，不是店助能给我的。店助干了12个月，我就转为带班店长。那个时期我总是想往高的职位去挑战，不停挑战。做店长了以后我又很想去当区域负责人——区域负责人管着很多店，二三十甚至三四十家店。当店长的时候每一次跟区域主管交流，我都觉得他好厉害，我也想要像他那样厉害，我也想要个职位。但要到这个职位不容易，必须有成绩来证明，于是我就努力把店的业绩做到了当时我们整个公司零售排行榜的前几名，不久之后，我果然如愿晋升了区域负责人。看到有人比你更好，职位比你高，那我一定不能比人差，像奥运会的口号"更高更快更强"——真的，打工的时候我整个人的状态就一直是这样的。

有句诗这样写——"看似寻常最奇崛，成如容易却艰辛"，我的升职之路好似不费力地一路开挂青云直上，但我自己知道那是一个不停打怪升级、突破自己的过程。比如都是茶艺师，如果相貌很漂亮或者说很可爱、很讨喜，很多顾客就会主动找她，做业绩很容易，我自己长相上没有优势，也因此难过自卑，但后来我转念一想，我让客人对我有很深的认可就行了。人和人相处始于颜值，但最后一定忠于内涵——像我们喝茶一样的。一个不会喝茶或者说刚接触茶的客人，他喝第一口茶，入口很香，就觉得这个茶很好，这跟长相一样，第一眼过去很美，但是喝久了茶的老茶客就会更注重茶水里的内质，醇厚的口感，令人回味的茶韵，这些都比单纯的香气更能让人身心愉悦。所以跟客人相处到后面，处的还是你的为人，拼的是你的专业能力、职业素养。我这样想，一下子就开了，想开了心里就平衡了，就不难过了。虽然我知道这个过程要更漫长，但我知道只要坚持去做，自己都能搞定。

当店长的时候有一次挫折，我记得很深。我做店长很要强的，总想在公司名列前茅，而那一个月业绩却没达标，排名一落千丈。没达标的原因是因为我对业绩回款的跟进不及时，凭感觉以为肯定能完成，结算完了以后，才发现自己想当然了。我非常难过，回到宿舍了哭了一场，对自己说，以后一定不能等到月底最后几天才来做回款的跟进，基本来不及，也很难补足。这是工作履历中我觉得很受教训的一件事，它提醒我大大小小哪个方面都要事先考虑清楚，提前量要做好。

区域管理做了三年多之后，从职位上讲再往上就是总经理了，基本不可能再升职了。在公司上班我做到天花板了，但我还是连一套房子的首付都付不起，那我的力量还怎么使？我很彷徨，未来该怎么办？那个时候目标很明确：我要买房。要在这个城市扎根。想多存钱，只剩一条路——自己创业的想法就此萌生。

煮饭训练法、师徒股份制与奖牌激励法

我 2017 年加盟熹茗，当年就开了 3 家店——和成天下店是 5 月 5 日正式开业；7 月 7 日在福清签了一家店，9 月 9 日就开业了；12 月份万达店又开业。这个速度也不是我事先规划好的，开始只是一个加盟店而已，后来就开始裂变，一直到今天的 8 家店。这应了那句话：你不需要很厉害才开始，而是开始了你就会很厉害。我们边干边想边学，不断摸索。现在回想起来，有今天的成绩，最重要源于认知的提升，思维的转变。

从第一家店到第三家店，一切进展得都很顺利，几个股东自己做，一人管一家店，我们受到的教育加上过去的成功经验，让我们觉得自己就是核心——有我在就够了。后来才慢慢地感觉到、并愿意承认只有我们自己是不够的。管一家店跟管多家店完全不一样。一家店你用惯有经验来做就好了，是高销思维，生意模式，但是多家店就要懂经营管理，有沟通协调的能力，能够看到问题，解决问题，建立标准，建团队——是经营者思维，创业模式。2019 年开始，我们有意识地去培养员工。员工参与运营的单店也做得比较优秀了，我们又想——是不是可以再开店？从原来的我们三个合伙人自己出来开新店，到让我们优秀的同事去开新店。"转念就是改命"，这个意识一转，我们的事业才开始得以发展起来。

我们在选人育人上就一个原则：要跟团队契合。怎么算契合？要具备两

形成人才培养的方法论，才是门店经营的长久之道。

点：第一，有服务意识。到点下班走了，但事情没做完，这就不行。我们要求是今日事今日毕，做得到自然就会留下来。第二，能够踏实沉下来做事情，积累内在，有心智上的成长。怎么考察？我们用煮饭来筛选人才，培养团队。

煮饭，看似是很日常很小的事情，但2017年开始第一家店，我们就在店里设员工厨房，要求员工一日三餐都自己煮，这个传统一直延承到现在我们所有门店，在整个熹茗也是唯一一例。很多新同事年纪小，刚出社会不会也不愿意煮饭，抱怨煮饭全身都是油烟味，但我们很坚定地推行，即使有人因为这个而离职，也不妥协。为什么要煮饭？怎么坚持？这里面有很多道道。

第一是以身作则。店长自己先煮，照顾好年轻同事，她们自然慢慢就学会煮饭了。说是没有用的，你先做，让她跟着学，一次不行两次，两次不行三次就行了。集体生活有个集体心理，头带好了下面就会跟随，融入之后就有向心力，集体习惯让一个集体慢慢形成了。

第二是节律。门店运营就是节律的，什么时间按什么标准做什么事，开店有日程表，有一日事务流程，开门、洒扫、整理、待人接物各项标准，一日三餐也是有节律的，通过煮饭可以学习合理配置时间和资源，自己煮也能吃的健康，我们店的姑娘几乎很少生病，员工身体好了，工作状态自然也就好了。

第三是待人接物。三餐饭煮下来等于一天三次的小型团建。从准备食材、煮饭到吃饭，可以看出一个员工的很多品质，比如眼里有没有活？会不会关注照顾到别人？一起吃饭的时候为姐妹盛一下饭，递一把筷子和招呼客人是相通的，比如客人来了会不会主动拿一下凳子，备一下茶碗。这些都是非常细小的事，看见了就可以去慢慢地教，暂时做不到的，我们会在适当的时候去补位，然后再让她们看到——店长就是这样带同事成长的。

第四是理解和沟通。当然会吃到黑暗料理——曾经有个新同事"煮"了一碗汤，其实就是凭感觉往冷水里加了各种佐料，什么酱油啊胡椒粉啊一顿搅拌就端上来了，她自己觉得肯定很"美味"，我们也都捧场地喝了，那味道着实一言难尽让我记忆犹新。有人问，为什么明知很可怕还要喝那碗汤？因为我们有个约定：不管谁煮的饭，再难吃，我们都要吃。不评判不抱怨，不说不好吃，而且还会对她说你今天煮饭辛苦了，之后在适当的时候，再私下跟她反馈这个菜可能盐放多了，那个汤可以怎么做会更好。

第五是激励和肯定。当一个同事用心煮一桌子饭菜被客人看见的时候，我们都会告诉客人今天是谁做的饭菜，味道如何好，客人常常也会不吝赞美之词对她大肆夸赞，毕竟这年头会煮饭的年轻姑娘不多。因为客人普遍是长辈、有权威，同事们被客人夸心里就美滋滋的，有成就感，下次就会更努力，其它人看着也会被激励。其实人人都有上进心、都好胜，处处有小杠杆。

有位身家几十亿客人曾介绍他的外甥女来店里工作，为什么？因为我们店里做饭，团队氛围很正很好。小姑娘17岁那年中专毕业入职的，在店里干了好几年直到结婚。到现在我每次去这位客人家，他嫂子都还抓着我的手说很感谢我。这个姑娘以前在家娇生惯养什么事情都不会干，我们让她学会煮饭，并且教她礼仪，她回来会煮饭给家人吃，还懂得怎么去照顾

朱子后人　制茶世家

人、与长辈相处、照顾孩子。从小家里没学会的我们教会了。

厨房其实是个"试验场"，各种情境都可以在煮一顿饭中预演，我们用煮饭这件事去看员工，试练员工，培养员工，凝练团队。这么多年的饭煮下来，我们也发现一个事情只要你有态度，够努力，最终肯定能有好的结果呈现出来。当我们看见这个人是我们想要的人，就会把她推起来，店助、店长、股东合伙人，都支持让她去尝试，没有天花板。

除了煮饭制，我们还有一个规矩：师徒带教。

新员工入职7天后，都会配一个师父。首当其冲是店长来做师父；但如果整个团队人员比较充足，架构比较稳定，就会让店助当师父；如果店助已经有徒弟，就移给储备店助人选，层层接着。会有很正式的拜师仪式，徒弟要给师父恭敬地敬一杯茶，师父喝下这杯茶，便承诺了对徒弟培养的责任，不仅手把手教她学业务，甚至家庭生活都会涉及，这样徒弟有依仗、师父有责任，店里事务被每个同事分担，像石拱桥受力一样。让一个新员工去求助店长，她会有压力有顾虑，但找师父不一样，有情分且顺理成章。在公司帮助下，我们还设计了个合伙制，当徒弟能独当一面出去开店，师父会分享新店的一部分股权。这样就形成一个利益链，互利促进合力，做师父的就更愿意努力带徒弟，所以在我们店里没有人不愿意带人，谁都想做师父，徒弟们也都积极上进，我们的团队也很稳定，老员工很多。

此外还有"奖牌激励法"。这么多年以来公司给团队的各项荣誉奖牌，我们都挂在门店收银台显眼处。有客人来店，看到收银台，他说你们这家店很厉害，看奖牌就知道了。把奖牌挂在最显眼的地方，是为了要把公司的认可传递给同事，把同事的奖牌放在店里显眼的地方，让客人看，客人也会有一种荣誉感，因为每份奖牌背后都有故事，都离不开客人默默支持。

一个新员工刚来的时候是没有能力独立接待客人的，通常需要半年以上的时间。我们会循序渐进地设置一些任务，第一个月，只需要学会基本的接待工作，比如泡茶和简单的自我介绍。第二个月，可以和老员工一起搭档接待老客户，虽然对产品知识还不够熟悉，但老客户都像朋友一样，说错了也没关系，对新同事给予很多包容。第三个月，尝试独立接待新客人，这时新员工虽然已经有一定的经验和知识储备，但也可能会遇到尴尬的冷场，重要的是突破自己，敢于开口去和顾客交流，只有实战才会带来更多的成长。

在新员工阶段，我们不会给太多业绩压力，主要以熟悉环境、客户、门店业态为主。重点会是教她们为人处世的基本原则、礼仪礼节，也会介绍产品和公司文化，但不会让她们急于开口销售，因为她们的说服力还不够。在第二阶段，我们帮助她们认识客户，建立关系，因为一旦与客户建立了联系，销售会自然发生。到了第三个阶段，会让他们尝试分享已经学到的知识给客户，而不是直接销售。此时员工会更有信心挑战和表达自己，基于自己的专业与客户有更多的链接。当她终于拿到自己独立完成的第一笔订单，她们说话会变得自信和自然。

带教的过程，除了教，看见问题及时反馈也很重要，遇到她们做得不恰当的，我会直接指出来，严格要求才能带出好团队，比如员工如果迟到，就会被面聊，再迟到就面临淘汰，到现在，团队基本上是零迟到。不管遇到什么问题，原则是立即解决，不会拖延或放任不管。首先会界定问题性质，剖析出原因，并快速做出调整和改进。这种习惯帮助我们不断进步。但与此同时情绪价值一定要跟上，我们经常说给客户情绪价值，其实也要给同事。人是情感动物，内心都是柔软的。

我所经历的"前置学习"

我们目前是 8 家店，还有开更多店的计划。刘晓庆说做女人难，做名女人更难，在我们来说就是做创业的女人难上加难。女性天生敏感柔软，在人生的不同阶段，要从女儿成为妻子、母亲，如果不巧还要当女老板，则会多出很多课题要面对，有很多生理和心理上的障碍要克服，这一路走过来，如果没有人陪着，甚至是"逼"着，是很难走到这么远的。

疫情期间，莆田封城，我们的店被关了好几次，没有收入很心焦的时候朱总对我说，秀珍你们不要急，当下的困难它只是一时的，你要去想，你的经营拉长到 10 年 20 年来看，当下只是一个月不能开，这些问题都是过渡性的难题。很多时候我们需要的就是这么有能量的一句话。

公司鼓励我做区域代理，同步送我去上厦大 EDP，学费要好几万，同学基本都是公司老总，他们谈论的东西，就是朱总、专专（时任区域经理）他们平时常说的，走出去我才发现：我将来要做的，公司早开始安排做了，如果不学习就会被淘汰。公司愿意花钱培训我们，不花自己的钱就能成长，那我如果不学就太傻了。

厦大 EDP 的学习，打开了我的眼界和认知，而公司投入百万的"伏虎计划"则帮助我重新认识了我经营的事业，把过去的经验整理成流程和表格工具，在 6 个月的学习周期里，我们重新审视了好像习以为常的店铺和顾客，并换一个视角重新定义：店铺不是卖场，店铺是磁场，销售额不是业绩，是顾客支持我们的证明，经营的背后是有理念的，当你能够持续为顾客创造价值，对员工成长发展负责，钱是那个水到渠成的结果。过去当我们只想着钱的时候，我们的心就很窄，总是在做计算题，看着眼前的利益，看不见长远的发展，也没有能力解决随着发展层出不穷的新问题，常常很焦虑，就好像心里住着一只猛虎，抓心挠肺地撕扯。"伏虎计划"，是调伏心头猛虎，拿回自己的力量——心有猛虎细嗅蔷薇。对于女性创业者来说，天生有如大地一般的母性和坚韧，要同步地成长理性与客观，这样才能从不确定中把握到更多的确定性，获得真正的安全感。然而，成长是伴随着痛苦的，没有出问题的时候，没有人逼一逼很难走出舒适圈。

公司有个熹茗书院，对部门长的 KPI 考核有一项内容：团队的学习成长。占整体绩效 10%；规定得也很具体，每月必须完成一定量的学习和运动小时数。我也要求我的团队每周读三本书，自行选择需要学习的经管类和人文类图书，同时需要写读后感。读书写读后感这在几年前跟我们日常工作距离是非常遥远的一件事。公司做这些学习安排是为了大家下一步发展，站在同事角度其实有点看不懂的。这些积累是先学习进入一个更大的视野和经验里，等遇到了问题就会发现原来是我已经学过了，有准备了。过去我们是咬牙朝着眼前的难题前进，现在是先把内功练好，未来碰到困难牙齿早咬过了，反倒松快。

学习对我改变很多，我生长在山里，小时候生活很苦。我们的风俗就是，孩子长大了就要出来赚钱，为家里改善生活。赚钱改变生活是我的初心，做单店的时候只想把店开好、业绩做好，店慢慢变多后也成立了自己小公司，眼光变得跟之前大不一样了。以前听说有人要在我附近开店就很抵触，觉得这是来分蛋糕，现在认知不同了，觉得大家一起来做才更好，要赚市场上的钱，不要只盯着已有的存量。

我是创业以后成的家，生了两个宝宝。这个过程当中很多姐妹成家了，跟她们不同的是，我没退出事业全投入家庭，我想的是要把事业经营好，这样我辅导孩子会有更大的能量，给孩子一个学习榜样。现在回望，觉得自己还挺厉害的。

我想要去到更高的地方，我也会变得更好，更闪闪发光，对吧？婷婷形容我们，先是一群追着光的人，再慢慢成为我们团队的光，成为别人那束光。我不敢奢望成为光，从事这个行业十五六年了，现在一想，自己有点像老丛（生长了几十年以上的茶树），它在很多年前就扎根在一片很好的生态，生长得很幸福很有安全感。我觉得茶让世界美好，也让我们每个人、每个家庭的生活都美好。当证明了我作为女性有这个能力之后，那种感觉——很幸福的。

第三部分
重构茶业生态

加盟与供应链的秘密

茶业的基本生态，要从基础和源头构筑。

我们一直将自己放在门店支持方的位置，他们在前面打仗，我们在后方提供资源和帮助，把加盟店当直营店来管，让大家赚到钱是基本原则。市场上，大家能看到的是冰山之上，我们的商品、店铺、营销的方式等，看不见的冰山之下才是我们的根基和格差竞争力之所在，这也是我日常工作的主要阵地，第三部分的对谈不仅包括总部与外派各个部门的人，也包括协作的供应商和设计师。

吃到好饭菜不需要认识厨子，但很难想象做出一餐好饭的人，是对美食没有热情的工作人员与单纯逐利的商人，"杯水之情"如果有深意的话，需要把前端门店充满人情味的工作意识和同理心渗透到门店扩张逻辑和供应链的细部才行。

第八章　零售中心：超级门店背后的增长大师

零售中心业务主干是由一位位区域经理落地的，他们为店面提供日常工作支持，辅助门店成长，推动市场活动落地，调拨货物，为店面争取各种权益，处理店面处理不来的客诉，有同事甚至工作细致到催店长起床开会、定闹钟抢限量茶款，与此同时区域经理也承担着招商工作。他们在公司总部是没有固定工位的，店铺就是他们的工位，每天近距离感知市场动向，非常了解店面的痛点，是熹茗的神经末梢。

零售中心分为两个事业部：加盟和直营。加盟事业部分省内外两部分：省内有 250 家左右的店，省外 100 多家。直营事业部也分为两部分：一个是独立出来的新业态，叫福建茶馆；一个是在不同商圈不同业态的标准直营店。

区域经理因为工作性质，可以看到很多店面经营问题的共性和个性，涉及各种解决之道。他们也一路陪伴，见证前文提到的几位代表店店长的变化和进步。

总部为门店的增长提供了强大的输血功能。

熹茗加盟店的缘起

我们早期都是直营而且是会所式的大店，从 500 平米的华林店，到 1200 平方米的湖东会所，作为行业的后来者，我们想要探索一些新的可能性。我们的第一个加盟商就是茶会所吸引来的。他是山东泰安人，一次来福州出差，朋友带他到湖东会所喝茶，一看环境氛围太喜欢了，后来就托人找到老朱说要加盟。"东周有孔丘，南宋有朱熹，中国古文化，泰山与武夷"，冲着这样的缘分，泰安店在泰山脚下开起来了，300 多平的空间投了几百万，热热闹闹的开张仪式还上了当地的报纸，但因为各种原因一年左右就关张了。

转眼十多年过去，但这件事在老朱心里一直过不去，至今仍在各种会上说起，他说客人因为相信所以加盟了我们，真金白银投下去但我们没让对方赚到钱，这就不对。这次失败，帮助我们发现，什么是我们不想要的。战略的本质是取舍和选择，人性是贪婪的，如果总是从我们想要什么入手，结果往往是想要的太多根本无从选择，但如果是先做减法删掉我们不想要的选项，那么剩下的就是我们要的了——"正心修身 成人达己"就是我们最终留下的东西。

2012-2013 年的福建，基本是闽南茶企的天下，像日春、八马、华祥苑，基本是直营模式，对于茶叶店工作的茶艺师来说是有很大的发展瓶颈的，做到区域管理基本就是天花板了，收入也受限。还有一种是和资源型加盟商的合营模式——比如一个每年就有三五十万用茶需求的老板，开一个店和品牌方合营，这样既可以低成本解决本来就有的用茶需求还有个地方做接待，但这种模式没有真正守店的人，加盟商不把这个店当事业来做是很难长久经营。纯加盟的模式那时做的品牌不多（除了一些纯粹割韭菜的），这是比直营利润更薄但对品牌方要求还更高的苦活，对于当时如日中天的茶企来说也没必要做。

但对于当时每个月都在借钱发工资的老朱来说，却是不得不做，找不到出路就意味着结束。加盟是方向，但是做什么样的加盟？怎么做？谁对加盟茶叶店有需求？她们的痛点又是是什么？我们能做什么？泰安店的失败说明岩茶在北方还未普及，需要相当长的市场培育期，店铺面积太大让前期投入成本太高，加盟商自己的主业不是茶，而茶叶店要能转起来得依靠运营管理，用心做好客户服务，客户有了，源头活水就有了——店长是关键。当时整个茶行业的店长，恰恰在大量地流失——直营模式中店长的职业瓶颈，当无法继续晋升收入也无法增长，她们要么回归家庭，要么离开去寻找新的发展。于是，我们打磨出了针对茶行业店长的创业模式，启动"老板娘娘 * 养成计划"，以成熟的福建市场为根据地，开启连锁加盟 2.0 版本的试验。

2014 年 9 月李克强总理提出"大众创新，万众创业"，越来越多的茶小妹加入熹茗成为"老板娘娘"，店长创业模式也让企业进入快速发展期。行业的前辈们开始注意到我们，熹茗？从哪里冒出来的。竞品企业的老板甚至带了整个团队来我们店铺考察，又一段时间后，其他茶企开始跟进也改制做加盟了。

---

* 这是我们专门起的一个名字，老板娘是因为老板得到的称呼，老板娘娘是自己赢来的名字。

在中国东南沿海的传统民间木雕上，茶壶的位置比官帽还高。

如何发现与我们价值观一致的加盟商？

怎么找加盟商？

不用找，开始都是加盟商来找我们的。都在茶叶圈里，设想一下，曾经和你一样的打工妹，突然有一天自己创业做老板了，时间自由，收入翻几番，买车买房了，谁受得了这样的刺激呢。每天都有不同品牌的店长打电话来咨询加盟，高峰期的时候每年我们要拒绝好几百人。

怎么选择加盟商？

有一个基本前提，她最好是在茶品牌当过店长的。这类人往往是"一无两有"：没什么钱、有茶相关经验、有客户资源。虽说都是在茶行业，散茶店（茶庄）出来的和品牌店出来的，就像游击队和正规军，职业素养上会有差别。第二，是不是认同我们的经营理念，看跟熹茗是不是一类人，搭不搭。比如熹茗不打折，她是不是认同？如果想法特别多的，我们就打问号。看着是认真做事业的就会深入跟她聊，我们公司要干什么，怎么干，如果她也觉得好，也愿意这么执行，那这一步的共识就先达成了。第三，拒绝外行人，拒绝非行业人士是因为很多人只是看见了做茶叶店很赚钱，其实不会经营也没有客户基础，茶行业看似进入的门槛很低，但没有几年的沉淀想要赚钱是很难的。即使不是外行，没做过店长的也不太适合，真去开店大概率会亏本。第四，会考察一下团队和资金的实力。店长们打工的时候收入普遍不高，积蓄有限，一般是两三个人合伙凑钱或者找客户来投资开店，所以我们的创业模式里一方面会尽量降低加盟商各种开店成本，比如我们到现在也不收加盟费，仅收保证金，保证金是为了保证市场秩序和履约条款的，是必要项。我们也从来不给加盟商压货。在投入最大的店铺装修部分通过标准化设计方案，集约采购以及施工支持来保证品质降低费用。所以当时一家店差不多有 40 万就可以开起来了。降低资金门槛的同时也尽量地确保盈利关键要素——我们会询问他的股东组成、资金投入、想开店的位置、过往的销售情况这些，然后测算评估。如果整体综合实力不是很强，一年做不到 200 万，没法让团队赚到钱的我们就会建议最好不要启动……虽然那时候不像现在这么专业，也没有一个很明确的风险标准，只是凭感觉，但基本不会错。

也有不在上面标准里的例子，一个是宁德的，一个是福清的。

宁德的一位店长原来做私房茶，主要是白茶，第一次接触她就表示想要加盟，但她一年只做 100 多万，那时福清、长乐，单店年均都 400 ～ 600 万的，她的经营额基本赚不到钱；第二，私房茶跟品牌茶的客户群体是不一样的，很难转换过来；第三，她是典型的小店思维，也没受过品牌体系的专业训练，第四，宁德那么远开一家店，总部的资源很难支持到。基于以上，我们就劝退，但是她非常坚定，三次到总部找我们，甚至表决心：她的租赁成本很低，准备花三年的时间培养市场——这打动我们了，同意她加盟。现在她发展的很好，刚刚成为我们宁德区域的城市合伙人。

福清的一个女生打电话来咨询，见到面第一眼，感觉不是我们要找的人——一位打扮的花枝招展的美人。她有两个股东，一个做过茶；另一个完全没经验，家庭条件好，在家做微商。我们觉得白富美来干茶叶店创业这样的苦活，逻辑不通，就拒了。第二次她又打电话，说为了加盟已经租下来三层沿街的店面，要我们给她一次机会。她说，我虽然没上过班但确实想做一个事业，你不给机会，我永远不知道适不适合。看她这么有诚意，我们被打动了，她迅速来公司签合同打款。没想到，后来她的业绩体量在区域排前三，在福清排第一。那位家庭条件很好的女孩，她父母后来跟我们说，女儿从来都是那种别人到学校才能起床的人，但开店之后，每天8点就准时到班。从来没有见过她这么积极上心的，是加盟熹茗之后给她这么大的改变，这让他们惊着了，当然也很欣慰。

2018年到2023年是加盟开店的稳定发展期，每年平均增加50家新店，到今天我们福建省内开了250多个加盟店，十几年来，我们的加盟店97%都是盈利的，即使疫情期间也没有因为经营不善闭店的，为了实现老朱"让加盟商赚钱"的心愿，我们一直把加盟店当直营店来进行管理，公司总部不断精进中后台来支持前端运营，加盟商不是客户是同事，店铺是我们一起服务终端顾客的场域。我们根据市场成熟度和顾客集中度、管理半径进行分区：福州市区加马尾和闽侯算一区；莆田、三明、宁德算二区；泉州地区算三区；漳州、厦门、龙岩算四区。

福建省外我们划了三个大区：华东、华南、华北。相应的职位分设是省区总管，负责省区内大市场；再下来是大区，比如福州市区内是一个大区，福州周边是一个大区；大区下分小区，15-20家店一个小区；小区下就是店铺。

福建省内业绩还是福建一区，二区里莆田、长乐和福清这三个地方最好，店均业绩水平比较一致——差不多200多万。闽南地区店均过去差不多是100多万元，现在平均在200万元左右。而像三明，运营成本很低（两三百平的房租就三五千块钱），一年能做120万元到150万元之间的业绩加盟商就能赚到不少的利润。

福建省内茶叶消费的特征和店长心态在闽南、闽北有明显区别，闽南是喝茶的大户，特别是泉州、漳州，老百姓的生活离不开茶，但消费不高。比如铁观音，1000—2500元价位的茶在那里就是非常好的了，岩茶单价比铁观音高，均价在1000—5000元之间；而福州基本上在5000元到20000元之间。客单价高的，是莆田、长乐、福清。相应的，福州这边的店运营成本更高，竞争压力更大，店长也更拼一些。闽南店长们则更安稳——不想赚很多钱，一年二三十万元的收入就满足了。

造节和私房茶背后的经营升级

不管是区域经理还是店长们，一直以来都是凭感觉经验做事。前几年经济形势比较好，加盟的店长只要把公司产品卖好，促销政策用好就行了。2018、2019年岩茶品类发展到一个峰值，很多供应链后端的茶农也涌入前端市场，自建品牌开店，竞争呈白热化趋势。

我们意识到只靠促销、打价格战是没有未来的，要持续增长，除了在产品和营销发力，店长们也必须从靠感觉和经验做卖茶生意转变成有经营理念靠科学的经营管理技术做茶事业，品牌和和店铺都要成长，我们着重在

牛栏坑是武夷山最著名的山场之一，熹茗的私房茶就从这些山场中精选。

这方面赋能。

茶行业淡旺季比较明显，中秋、春节是旺季，其他时间都相对淡些。最开始做单一岩茶的品类也会受到局限，岩茶一般是 5 月采茶完成初制，夏季气温太高吃不进火，要到秋季开始精制炭焙，刚焙出来的茶火气太重不适口，还要褪一褪火才能上市，这样一来就到了下半年才上新，春夏季节店铺也一样要维持经营，靠什么做业绩？于是从原来单一品类的岩茶，开始陆续有了红茶、白茶、绿茶、普洱茶、茉莉花茶，覆盖全品类 200 多个 SKU 的产品结构。产品逐渐丰富的同时，市场活动也陆续跟上，我们在终端根据顾客生活日历创造"旺季"——就是创造出一个节，比如中国人二月二讲龙抬头、520 心意节、6 月天气炎热喝白茶的白茶节等，这样店铺就多了很多理由去和顾客沟通建立联系。白茶节不是我们原创，友商也做，但心意节、龙抬头是我们首创。这些造节思路，会和区域店铺一起头脑风暴，出什么新品、做什么活动、准备哪些物料，设计什么激励机制，之后全员培训贯通。这些节在经营过程中慢慢迭代丰富起来，店铺反馈说在市场竞争中起到了很好的业绩拉动，但两三年以后，顾客的反馈不好了——造的节太多了"你们月月都有活动，月月都有玩法，没完没了"，到店就要被安利活动，顾客觉得有压力，进店的次数就少了。曾经的亮点变成如今的问题，我们深知要做好经营永远只有一个锚点——客户体验，我们得在运营层面做系统性的提升。

加盟商（店长们）的生活跟着淡旺季的节奏，过完中秋春节，店基本空了——店长们赚了这一季的钱立马全国各地旅游去了。客人会感觉你很功利——节前一两个月一轮两轮三轮地猛烈拜访，节一过完，店里的人马上全部消失不见了……

老朱说淡季也不能让店长们摆烂。旺季打仗，淡季练兵，能做店长们的基本都是超级销售，没有经营意识，那心情状态的起伏基本就是业绩的晴雨表，关注短期利益的多，眼光能放长远的少。我们设计了一个针对店长的经营管理课程——《伏虎计划》，第一期选了18家店铺店长22个区域经理来参加，从经营理念开始刷新，作为一个经营者不能只看钱，首先要有顾客意识、员工意识，当你能为顾客创造价值，带领员工成长，销售业绩是水到渠成的事。感性的经验很好，但是要有理性的目标管理，数据管理来支撑，销售额的组成会拆成哪些关键指标？年目标如何制定，又如何根据营销节奏分解到月、周、日，到人？店铺的经营损益报表如何看？日、周、月报要关注哪些维度，怎么跟进和追踪目标的达成？员工的薪酬激励要怎么设计，绩效面谈要怎么做，选用育留的体制要怎么建设……一开始大家都很痛苦，一个数据都拿不出来，叫她做报表就跟要她的命一样，叫苦连天，后来我们要求所有区域经理也要熟练掌握这一整套的店铺经营管理的技术，和店长们一起学，一起做，一起分享经验，再联动IT部门把这一整套know-how开发成我们的终端店铺管理系统，店长能看见经营的逻辑结构，也就有了抓手，知道从哪里分析店铺当下的问题，可以从哪里做改进提升，不会像从前一样一门心思只能看见销售也只会销售。心智和认知打开了，经管能力上来了，更自信了，业绩自然增长。这门课也后来变成了所有区域人员和多店管理者的必修课。

公司负责销售管理的部门会时时关注店铺的数据，根据市场反馈做及时的政策或产品补丁，并且统筹整个市场运营的节奏。有时候会根据需要出一些限时快闪产品或者主打一个新奇稀缺的非卖私房茶，这些茶的品质都特别好，有明显独特的风味，店里不会陈列销售，有钱也买不到，但会作为店铺维护和拜访VIP顾客的伴手礼，送给客人，让客人有独一无二的尊享感。

店铺要拿到这些特殊的私房茶，只能努力提升她的评价等级——终端业绩、进货量、增长速度、经营能力、目标管理、顾客维护、品牌认同度，学习培训的参与情况等这些指标都会影响门店评级，我们根据店铺不同等级来进行私房茶的配比。除此之外是各种培训或者 PK 赛，优胜门店的奖励也会有私房茶，总之鼓励大家积极成长，私房茶起到了硬通货的功效。

这些都是硬件，还有软件，就是信息系统。

让 茶 叶 信 息 化

早在企业初创只有两家门店的时候，我们就有自己的 IT 系统了，老朱有个发小是做软件的，不收钱，用茶叶换来一个系统。系统很不好用，双方工作人员配合得很崩溃，一个说是你业务逻辑有问题，一个说是开发技术不行，现在回想起来，两家店做啥系统呀。

后来公司大一点，不能总用一张 excel 来管理，还是得上系统，委托专业公司也不靠谱，即使它的案例库里有与我们相近的业态，但系统只有贴合业务，量体裁衣才舒服。这都是踩了好多坑，花了不少钱才买到的认知。模板化的系统永远不可能符合我们的业务需求，没完没了的二次开发是个费时又烧钱的无底洞。

古老的传统工艺与信息化的现代管理手段相结合，是熹茗的特色。

自建团队，不管代价如何，根据业务的需求，一项一项功能去开发。

我们常被问到和别的茶企比有什么特别之处？虽然我们有直营有加盟，但是不管客人在哪一家店储值，在全国几百家店铺都可以通用。

这一点大部分加盟品牌是做不到的。因为加盟商是独立经营独立结算的个体，要实现顾客储值的全国通兑，必须在后台打通店与店之间的结算。我们在面试加盟商的时候，会特意把这个要求提出来，如果加盟商不能接受，那么这个店我们宁可不开。

另外，其他品牌基本都是货发到经销商，再由经销商发到店铺，所以同样产品同样的地区不同的店铺可能价格不同，不同地域的就更乱了，而我们是端到端，公司直发店铺全国统一价。这也使得我们的串店结算，顾客的储值全国通兑得以实现。

曾经有 A 店的顾客非常生气地投诉 B 店的服务态度不好，说你们既然是品牌连锁店，做不到百分百统一，但服务标准差距也不能那么大。我们了解完情况，发现 B 店铺的空间比较小，人手也不够，店里的人就想优先服务自己本店的客人，后来我们在串店结算规则里增加了服务费——结算标准定好，店间矛盾就消除了，无形还推动了门店之间服务"PK"赛，为了顾客有更好的体验，自觉地内卷起来。一位顾客曾经跟我说，他习惯去任何城市都寻找熹茗门店，因为"我熟悉这里的茶，熟悉这里的服务，即使服务员是陌生的，因为有产品和相同的味道，就有一种莫名的熟悉感和自然而然的亲切感"。

以前不管是店铺还是公司都是手工账,即使是业务部门开会,也都是一些"大部分""比较好"之类的词,没有数据,基本上是凭感觉,前后端没办法在一个客观的环境里沟通,很消耗,行业里大家都是这样。现在我们系统已经能实时拿到精准的销售数据,库存数据,从订单到仓库,资金流、业务流、信息流三流合一,像货款怎么进入系统账户、怎么下单寄存、整个销售运营管理都是在这套系统里实现和完成,区域人员和店铺都可以通过我们的 BI 系统查看报表,看数据分析建议,更客观理性地工作。

超级店长的诞生

我们是把加盟店当成直营店一样来管理的。

公司重运营,老朱始终认为招商拓展是以能把店运营好为前提的,还是那句话——得有能力让加盟商赚到钱。这是我们一个做连锁加盟的茶企十几年来没有招商部的原因。

我们一位区域经理平均管 12-15 家店(其他品牌有管 30-40 家的),一个店可以平均到店 6 次 / 月,最少也有 2 次。培训、面谈、推动跟进各项标准落地,和店长一起做目标计划、客户梳理、拜访……帮她们解决各种问题,股东的、员工的,甚至是和男朋友之间的,颗粒度非常的细。其实管理最难的不是事,是人,是你甚至比她自己都更在意她的成长,是愿意为此沉下心去陪伴,静待花开。

公司改变了很多人，改变最大的，秀珍肯定算一个。秀珍擅长培养团队，怎么选合适的人，怎么带人——这是绝大部分店长的头号难题。尤其是这个行业女性多，三个女人一台戏，一家店常常好几台戏在上演。秀珍在这方面特别有心得，那是因为她曾经也被卡住过。

秀珍她们团队有股东三人，三个都是销冠出身，有两个还当过品牌茶企的区域经理。对于一家店这样的团队是豪华顶配了，但发展到多家店就卡住了，三个合伙人性格和擅长都不一样。虽然她们通过轮流做饭、师徒制等方式增强了团队的凝聚力和稳定性，但解决不了一些根本的问题。

对于女性创业者来说，安全感是一个很深的问题，特别是从小穷过来的人。一开始秀珍把很多的客户都握在自己手上，不舍得跟团队分享，其实这个问题我们已经反复说了好久了。

直到有一天夜里我们一起加完班回家，她说：不敢放手，怕教会徒弟饿死师傅，怕客户都给了她们，那她们就出去开店了。

我就告诉她：如果你用这种心境对你下面的团队，既带不了队伍也干不出业绩，客户也不会满意，只会把自己累死。一个人的精力有限，不可能维护100多个客户，你要把顾客做分类，分享给你的团队；同时你还要带教她们怎么做，不能一分了之让其自生自灭。

你还记得当时创业为了啥——为了赚钱，为了有更多时间来享受生活，但是现在你锁死在一家店里。

店长培养团队的核心价值观就是"成人达己"。

这一次，秀珍听进去了，立刻就调整了，她开始带着团队一起去开发和维护客户，帮助她的小伙伴拿业绩，有了成果才有信心、才有积极性。她这才真正懂得了带团队就是"成人达己"。她这样的人一旦理通了后面就好办了，举一反三，坚持去做，一下子变成最会培养团队的人。

业绩不错的门店店长大都是有成功经验的，你要是对她的店铺管理有什么建议的话，她会觉得你在茶行的资历比我还浅凭什么来指导我。还以秀珍来说，她自己过去就是做区域管理的，你去告诉她怎么做管理，听不进去，也不认为你说的对。我们花了两三年的时间，用了一些方法去改变这个情况。

第一是用加盟商来教育加盟商。鼓励她走出去，去其他优秀的门店参访学习，那个时候华林店做得很好，创造很多分享机会让她参与。她有一个最大的优点是爱学习，虽然学完之后不一定会执行。

第二是送她去读书。作为签约区域代理的礼物，送她去读了厦大的 EDP 课程，EDP 的同学都是企业一把手或者创业者，很快她就发现和同学们的差距非常大。之前她没有感觉，亲历了才理解——"公司做的一切都是真心对我好的"，这促成了她真正的转变。心打开了，这个时候再给养分，就能吸收。

第三个是"伏虎计划"。我们请了连锁行业里有实战经验的资深导师和包括她在内的一组店长、22 个区域经理一起花了 6 个月的时间做研学，把经验结构化、体系化、工具化、边实践、边反馈，不断 PDCA（Plan-Do-Check-Act，循环式品质管理）。这次学习让她收获很大，她很快便把这一套体系带回到她的团队里，业绩也持续增长，成为我们团队里的标杆。

想要影响加盟商是特别难的，蓦然回首，那些不期而至的成长和改变，就是在这样日常点滴持之以恒的共同工作中，以心换心换来的。

第九章　城市合伙人：让加盟商挣到钱，让客户成为朋友

城市合伙人（区域代理制的升级版）制度来自我们的经营实践，我们发现当门店突破了单店经营，深耕一片区域一段时间后，一个城市（或城市集群）因为有类似的消费心理与文化是特别适合整体经营的，同时因为品牌的规模效应，在一个全新的市场区域也理应让早期开拓这一市场的伙伴享受整个城市集群的市场回报。业界现行的直接以行政区域或者更大尺度类似华北、华东这样划分大区的方式在我们看来是不对的，这种体量级的划分从茶馆经营上很难实施真正落地的管理和经营，城市得一座座拿下，城市集群也需要仔细拆题。本章是以和传统茶叶消费区福建截然不同的山西太原城市合伙人为例。

每个城市的熹茗，都会针对本地客群进行特定的门店设计和产品开发。

在关系型社会开发新市场

山西这个地方有它的特殊性。拿喝茶来说，相对福建而言，福建人喝茶品类相对集中，主要以本地产的武夷岩茶、白茶、铁观音为主，而山西是什么茶都喝，什么茶都卖：岩茶、白茶、红茶、普洱茶、六堡茶，也喝绿茶，但绿茶季节性强，一般只在夏天喝。从总体结构看，岩茶第一，占35%-40%左右，白茶大概20%多，绿茶和花茶这些加起来大概15%左右。来茶叶店，福建客人多是买茶，以送礼为主，山西客人有百分之三四十是买了茶存着，到店里品饮为主。关于消费，这里其实一直是高端消费。外界一般认为山西是黄土高原白羊肚毛巾，随之判断是不富裕，但实际上，在这块金融业的古老发源地和煤炭大省，有着中国消费能力最强的一群人。山西是一个关系型的社会，传统保留得多，重视礼品，有文化的茶礼算是人情往来的高端礼品。

2017年，我们在太原开了第一家加盟店，从此拉开了山西市场的帷幕。尽管在福建，熹茗人尽皆知，但在山西并没有人知道，所以新市场拓展遇到最大的问题是——品牌没有知名度，没有知名度就是小品牌，小品牌人家就不接受。我们的区域负责人遇到有意向开店的客人，尽管服务做得再好，帮忙选址、挖人、匹配资源，眼看就要签合同了，比我们更大的品牌来撬，我们就直接出局了。

2021年，我们山西区域的同事变成了城市合伙人，三年过去，熹茗在太原开了17家门店，80%集中在小店区（太原经济比较好的一个区），吕梁、大同、晋中有7家。现在我们在山西已经不是名不见经传的小品牌，成为小有名气的品牌了。

城市合伙人设计的初衷，是为了打破管理半径的限制，就近设立运营办公室，组建团队服务支持好当地的加盟商，行使公司相关辅助的职能比如帮助招聘新人、定期开展培训；监督市场秩序和门店运营标准；协调货品调配，也会根据当地市场的特点牵头向公司定制开发专属这个区域产品。在店铺经营周转困难的时候，提供资金支持等等。城市合伙人就是公司的延伸，对加盟商而言，除了公司之外多了一个服务商。因此公司也会拿出相应比例返利，作为城市合伙人的佣金。

山西的加盟商在结构上跟福建有点像，有百分之七八十是创业型店长。选址一开始就很严格，在太原我们布局的店铺点位都在相对中心的位置，不管是单店业绩还是影响力都比其他竞品友商要好，对于公司的标准执行也比较严格。不打折不乱价，不卖非正品，这两条底线他们守住了，给整个市场进一步的发展打下非常坚实的基础。

坚持正价，让加盟商有利润

茶行业店长出来创业，在选择加盟品牌的时候，往往都会多方打听综合比较，再做选择。有一次太原店店长回公司培训，在会场里遇到，说起之所以会选择熹茗，是因为行业里的人对她们说熹茗会帮着加盟商一起评估、算帐，能不能开很明白，没有糊涂账，很多加盟商都挣到了钱。她们觉得靠谱，就认定了。

现在的城市合伙人一脉相承，他说：做招商需要有包容心，是海纳百川的工作，第一要诚恳。要把加盟商利益摆到第一位。有一些品牌为了拿下加盟商，会使用过多的销售手段而不是诚恳地表达事实，甚至会编出一些假条件来制造哄抢气氛，这事我坚决不干。跟加盟商合作，从心态到行动都是以服务加盟商导向的。第二要积极。做招商的不积极不勤快肯定不行。谈大同店的时候，客户那里已经在和别的品牌接触，我们只排到第三。大同离太原开车来回要 8 个小时，客户一个电话我们就开着车下去了，太原——大同来回三趟，这个客户就跑下来了。相比竞品，我们品牌化做得深入，产品与服务整合程度比竞品高不少，这两点说起来好像很虚，但在实战中跑起来就能看到巨大的差异。

企业文化和背后的价值观是特别具体和真实的东西，每天都触手可及，这是山西同事很深的体会。在价格体系上，乱价串货是每个加盟品牌都会遇到的，其他品牌是有心管但是管不好，他们说只有我们是人盯人，专职的督导，有完备的产品的溯源系统，严格的处罚制度，一旦发现破坏市场秩序的，绝不姑息，我们把这个困难扛住了，这是走得远飞得高的一个底气。另外，总部的批销体系设置也进一步保障了价格体系：总部跟所有门店直接签约（不是跟代理商签约），每一家店进货的折扣都一样，竞品价格都是不统一的。

正价是我们的核心竞争力。我们长期以来一直坚持正价的方式，价格不乱才有足够的利润空间支撑加盟商去做更多的服务——为客人提供更高品质的水果茶点，这都要有足够的利润来支撑。

我们在山西鼓励门店做茶点和特色饮品，每个到店客户都会有免费的精美茶点。竞品看见也开始做，也在整个店系推广，但模仿的效果没有那么好——细节上熹茗标准会到位得多，用心和简单模仿是有差异的。这还是回归到企业文化，文化推动你去做的事情才是真心去做。竞品品牌基本是资源型老板做的，实力很强，但没时间精力管理，哪怕有一模一样政策，执行下来结果完全不同。熹茗的加盟商其实并不是特别有钱的，开一家店，有时资金不足到要借钱的地步，他们开店只能成不能败。全身心做这件事的我们想的是今天对客户的服务怎么更好一点；资源型老板大多是有钱顺手做一个副业，老板想的是差不多就算了，能简单就简单点，处处松处处不重要，处处差不多就处处差得多，没有底线，慢慢的就掉了。两种情况心态不同，熹茗的加盟商拼命，他们不拼命。

山西的伙伴反馈，竞品品牌的加盟商基本只开一家店，能开两家店的很少，而我们品牌裂变的速度和数量都更快更多。比如龙城北街店，三个姑娘出来合伙创业，都是经营型的店长，目前已经开到了第三家店，有合适的地方还要开第四家。三家店业绩都是300多万元——这在山西是第一梯队的水平。我们越来越自信，只要守住价格底线，坚持标准化，做好选址、认真经营，店铺成绩就一定好。拼命打价格战的都是不合理的，一方面说明定价本身水分过大，同时也是特别短视的，品牌价值会削弱。你打多少折合适？打得更多的时候就变成没利润，最终导致要么门店变小，要么服务变少，比如灯少开两盏，客户留心一眼就看出来。竞争是合理利润范围内服务的竞争，公平的定价、正儿八经去做市场。我们坚持维护价格体系和市场秩序，能给各方带来长期回报。

用 细 腻 服 务 触 动 客 户

山西虽然不产茶，但山西人什么茶都喝，单一品类的茶店很难生存。只有做全品类的茶，一年四季任何的茶都有，才能满足客户的需要。为了推广品牌，培养市民饮茶习惯。我们会做很多品鉴会、茶会，今年521国际国际茶日，熹茗全国门店一起举办"城市茶会"，我们也在山西"请太原人民喝茶"。

福建人喝茶，一坐就能坐一天，山西不同，除了茶文化它还有酒文化。山西客人，中午来坐一两个小时，晚上吃完饭再过来坐一两个小时。不少店的熟客，慢慢就把门店当一个据点，收个东西或者送个礼的事都委托店里的人去做，甚至把家里钥匙都给门店，店里的人会偶尔过去帮着收拾一下家；客人进商场办事，把小孩放店里帮忙照看……这些事都会帮客人完成。本质上，客户买谁的茶都是买，但是为什么买你的茶？因为你的服务好，更主要的是你跟他有这个交情，北方话叫"过得着"。

茶店一般在早上九点开门营业。一位客人有一次要在早上七点钟接待朋友。他问了几个地方，都表示没那么早开门，只有我们这个店专为他提前开门——6:30就都准备好了。还贴心的准备了早餐，因为不知道客人喜欢吃什么，甜的咸的准备了五六种，客人非常感动。这不是我们要求的，是门店自发的。

山西有一位 85 年的客户，他是熹茗的粉丝，每走到一个地方，都会搜索熹茗的店，有遇见就必然去店里坐一会。他说熹茗的服务热情不死板，到任何一家店都有相同的感觉，很亲切，很放松。喝茶买茶一定去熹茗，而且他到每个店都充值。让我们觉得何德何能遇到这样的神仙客户。

还有一个客人，每次到店喝的都是 6 万 6 千元一斤的高端茶，一年消费二三十万元。他坚定维护开卡店的利益，虽然会到其他门店喝茶，但一定只会在这家店铺买单。我很好奇这家店铺一定有什么过人之处，让客人可以如此挺它。

山西的伙伴总结：很多时候，打动客人的就是一个瞬间。那个瞬间客人感觉你们怎么能这么细心，这么细腻，简简单单一杯茶，就能破了他的心。真诚待客，心里把客人放在什么地方，不用说出口，行为中都会流露出来，人都不傻，假不假心知肚明。一杯水，一顿饭，一盒茶不是什么大事，用心做，做成习惯，顾客离不开你也就成了一种习惯。

在山西市场熹茗现在有了一定知名度，但还没到广泛或者普遍的认可。太原是山西市场一个风向标，我们的开局不错，稳步推进开出有质量的店，持续做好增长就行，吕梁、大同、晋中要单点突破。明年的目标至少要再开十家以店，山西的发展带动河南、河北的变化，河北今年有新增六七个客户，河南、西安也有意向加盟店咨询。我总告诉新市场的同事不要急，看似我们在行慢道，但很多时候捷径是最远的路，做好每个规定动作，剩下的交给时间。

第十章　大区与招商：精细化加盟的学问

区域性品牌出省是我们要过的一个关卡，上一章以山西为例讲了城市集群的扩张，本章将视角扩展到更大市场范围的整体策略和招商与精细化加盟经营；稳定价格体系，变革层级代理制度重新合理分配收益——将过去层级代理制上下游之间伴随着争利和卸责的零和游戏，变成了一起努力做大市场；如何抓住核心店长；推动全国范围内的品牌活动。在这里紧紧围绕着我们的核心价值观从同理心和人情味出发，理顺利益链条，做不自相矛盾的制度设计是工作的重心。

北方客群与南方客群差异明显，设计更华丽、规格更大的包装在北方更受欢迎。

虽是福建茶，重点攻华北

熹茗门店目前在全国不到 400 家，福建省外大概是一百二三十家。山西省 26 家，太原有 18 家——这是店最多的城市；第二多的省份在江苏，近 30 家，比较分散。另外就是川渝地区，有 13 家；山东现在是 11 家，两广 10 来家，剩下就是一些零散的地市。熹茗铺店的城市规划策略是"聚焦跟打透"——重点发展的城市聚焦在"两山两河"：山东、山西、河南、河北。华北是第一战场，第二战场是江浙沪。

为什么把重点放在了北方区域？

首先，产区与销区的差异。全国的茶叶市场依照功能分为产区和销区。全国几个大销区。第一名就是山东。无论是人口和经济，山东都是销区大户，并且覆盖华北五省。销区最大特征就是有茶城——茶叶批发市场。山东有一家济南茶城，是南茶北销的枢纽，早在十年前它的年度营业额就可以做到四五十亿。第二个是陕西，西安新城区有个西北国际茶城。西安辐射西北五省，包括新疆、青海、甘肃、宁夏。第三个是河南，光郑州就有大大小小快 30 个茶城，每个茶城有几百户商家，合计几千户的商家——这是一个很惊人的数据。反过来看福建，已经没有茶城了，也没有销区概念。因为大家已经不会去茶城买东西了，见人聊事儿都在茶叶店。

其次，不同城市客户的需求差异——北方现在喝得最多的是绿茶，在六大茶类里市场份额占 40%。绿茶清爽、好入口、单价便宜，符合北方老百姓的需求。南方的需求是什么？量不需要那么大，但单价贵的岩茶。在南方送礼份数越少，泡数越少人们会认为这茶越金贵——比如一盒岩茶，小巧的盒子里装两泡茶，一泡茶可能就要大几百上千块。北方人觉得南方的包装小，显小气。他们要比较实在的：两百块一盒一斤装的，量大价廉包装还大气，送礼最实用。南方的伴手礼，单价一般 500—1000 块钱，从几泡到二两的规格都有。在北方伴手礼一般是 100 块钱，比如山东 100 出头，郑州 200 元。太原的两极分化很严重——给重要客人送礼要贵的，贵到八千一万也会送，老百姓保持在 200-300 元。

除了口味，南北两地对单价还有茶叶包装的偏好也不同。北方人喜欢陶瓷瓶罐，觉得青花罐将军罐摆在家里漂亮又喜庆。南方的礼盒多是精致的纸盒，轻便易于访友携带。

再次，业态上有私房茶与品牌茶的差异。北方大部分城市，习惯于私房茶和茶庄——也就是常说的白牌，没有品牌，实惠，量大还便宜。南方基本上已经看不到白牌，都是品牌店。同时，购买方式也有变化——原来人们去茶城或茶叶批发市场庄买茶叶，不在乎品牌，更关注性价比。现在南方大部分民众对空间对场景体验也有需求，一定要到包间来谈事情，在一个很愉悦的、舒适的环境里，有茶艺师给我泡茶服务。注重这种服务和空间的体验，它已经不是单纯的货物买卖交易了。

南北方的差异反映了茶业品牌化过程中不同发展阶段的特点，现在的北方市场就像十几年前南方茶叶市场的竞争态势，北方市场这三个特质对我们是很大的机会。

截止 2024 年，熹茗全国有 15 个城市合伙人，并持续扩大中。

对 传 统 加 盟 模 式 的 迭 代

对于熹茗来说,福建省以外的知名度怎么做?

第一,选好的加盟商。开一家好店胜过铺天盖地的宣传,店只要开好了能挣钱,口碑自然吸引来加盟。熹茗在省外的门店,就是这么做起来的,比如山西。熹茗靠文化,靠看不见的竞争力。拿冰山模型来说——浮在海面,看得见的部分叫冰山以上,品牌有没有投入资源,有没有给加盟商优惠政策,有没有高铁机场乃至新媒体广告投放等等,这就属于冰山以上。而熹茗一直坚持做冰山以下——按体积说,上下是1:9的比例。大家看到的竞争力是"1",看不到的是"9",熹茗做的最多的就是看不到的"9",就是看不见的竞争力。

第二,文化。市面上非常多的烟酒茶店,讲文化的品牌很多,践行文化的并不多。文化怎么"做"? 从店铺员工到企业高管,大家对品牌、公司、这份事业的经营理念有没有真正的认同? 文化是这些事情的结果——自然而然生长出来就是我们做的"文化"。只有深深的认同才能让不同的经营主体一起做同一件事情,顾客才能清晰地感知到什么是真的熹茗。为什么公司不通过投广告来做招商? 我们不想要只追求流量的人,我们这个行业,在久、在能真正给客户泡好一杯茶,服务好每一个客户。加盟前我们的同事会坦白跟意向加盟商说,熹茗在空白市场知名度不大,而且不会投广告,选不选决定权在你。不少品牌相反,一开始就告诉你品牌有多好,有不少夸大的允诺和对未来业绩过于乐观的预估，结果客户一年半载就关店——关店对加盟商是巨大的财务损失，对品牌方同样是巨大伤害。一个地方开几个店都关了，别人再也不信任这个品牌了。

我们早年根本不招商，在选商，2023年下半年才有了招商部，开始走出去主动出击。聚焦重点城市启动了城市合伙人计划，为的是在地贴身服务，更有力地支持新市场的拓展：把一个城市交给更有格局更有能力的人，和公司一起扶持开单店的加盟商，这就是城市合伙人模式。传统代理经销的模式中，代理商的收入来自经销商，那必然就会想办法从经销商身上挣钱。当我想从你身上挣钱的时候，我就不会有服务好的心态和能力。挣钱和上面说的"文化"一样，是结果不能是目的。

在茶行业里这种模式会变成：反正3折把货给你，其它的你对我也别有要求。至于你怎么卖能卖几折，那各凭手段，我也不会管。还有一些品牌方做代理也一样，比如你一年给我做500万，我给你8%，1000万给你10%，看饭分碗简单粗暴。如果代理商做不到怎么办，他会不会为了完成任务，硬把货吃下来？吃下来又销不出去，到最后还得低价流通到市面上伤害市场秩序。哪怕稍微算一下账，都能知道这生意不能干。传统代理销售系统还有一个隐含的问题，距离正常的消费茶更远，而是让茶金融化——囤茶等茶升值，最早发生在普洱茶领域，今年在白茶领域。

我们为了解决这个顽疾，先是建立了门店的库存周转率管理制度，从根源上堵住靠压货来扩张的冲动，持续关注市场真实销售，和门店同呼吸感受市场冷暖。

在城市合伙人这个层面，我们也做了制度设计，他的收益来自返利——对培训、当地推广、投流、加盟商赋能是有要求的。我给你配人了、配商品了、开茶博会了，但你怎么维护市场、你要怎么打，我会告诉你12345。那这些钱从哪里来？从你的年度经营里面来，返利的钱你不能揣口袋里，是专门用来支持你在当地拓展的——你做1000万，我给你的返利你要反哺于门店，要拿出来投市场、投培训、投推广、投物流。我们的代理商设计跟竞品相比，更精细化。它的每一笔钱，都会明白告诉你，为什么要设置这些，这些是用来干嘛的。

混账和净账差异很大，我们从总部到门店，所有落地都是清晰的。

这样设置理顺了两者的利益关系，城市合伙人只有服务好单店加盟商，店铺经营好了，自然多进货——这部分同时是合伙人的营业额，有返点。熹茗全国统一价，城市合伙人不通过商品来赚利差，利润来自他对当地市场的经营效益的贡献。

目前，熹茗全国有15个城市合伙人，并持续扩大中，我们称这些人为"领航者"，城市合伙的模式也还在试验和迭代当中，也许成功，也许失败，也许在其中会诞生熹茗未来非常重要的中坚力量。

加盟背后，是对文化和人的认可

郑州是我们主动招商以来啃下的一块处女地。

当时郑州没人知道熹茗，我们在那里一个店也没有。郑州是友商八马做得最好的城市——有 100 多个店，年销 1.5 亿元。在别人的强势市场弱势品牌怎么开拓？扫街。这种方式最简单粗暴最傻，但最高效，它还有个行业术语，叫陌拜，陌生人拜访。你可以想象一下那个场景，碰到一个茶叶店就过去自我介绍：我们是熹茗的，福建品牌，有没有听过？绝大部分人都没听过。我们现在准备在郑州大力开拓市场，有没有兴趣交流一下……八面撒网，期待一点突破。

突破的第一个重点客户就是在茶城里扫街扫出来的。

她叫叶小善（叶文玲，叶小善品牌创始人），是福建宁德人，很年轻，90 后小姑娘，因为哥哥在郑州当兵，所以她毕业后也来到郑州做茶生意，在茶城经营一个 80 平米的铺位，卖单价很低的白牌茶叶，至今 10 年了。我们跟她陆续聊了一两个月，并没有把握她会选择我们，但知道她如果做一定是一个非常好的加盟商：她认可公司、文化、也认可茶叶应该像熹茗这样做。她是郑州市三八红旗手，给当地协会做茶的公益培训，每年培养出 500 个茶艺师——店里摆满了荣誉奖章。我问她为什么要做那些公益项目？她说就是单纯爱茶，身边一帮茶友不懂茶，协会提供机会传播茶文化。

有心做公益的人都是有着更高价值追求的人，培养了很多人的同时也给她带来了一个有些头疼的难题。很多学生上完她的课，想做茶有关的工作，她店小招不了那么多人只好推荐他们去别的品牌店，可这些品牌并没有给学员好的成长空间，到最后有些学生就离开了茶行业，甚至因此对茶失去了信心。学生问她：我接触茶是因为茶很美好，为什么接触完卖茶的人，跟理想差距这么大？她说她当时被问住了，很难过，不知道该怎么回答。我们告诉她，需要一个好的品牌来支撑和承接。持续拜访沟通半年多以后——去年10月份她签约成为我们的合作伙伴，郑州的第一家熹茗专卖店，今年6月开张。

在当地茶行业小有名气。在我们跟进她的过程中，友商也在找她——华祥苑全国副总裁就专程飞到郑州去找她，促成她最终舍弃其他大品牌而选择熹茗最重要因素是她认可了熹茗的人。去年年底她参加我们品牌大会的时候，她的店还在选址。会上她发言说，我们的招商负责人告诉他：你只要向熹茗走一步，熹茗会向你走九十九步。我现在已经向公司走了一步了，我相信公司会向我迈九十九步。我想这就是确认过眼神的双向奔赴吧。

标 准 化 ， 可 复 制 才 有 想 象 力

友商比我们早走了十几、二十年，已经先一步走向全国市场了，他们的广告铺天盖地，他们的供应链、商品、驻地时长、客户接受度都已完成，而我们是后来者，我们要努力成为一个真正的品牌。

硬币都有两面，瞄准市场占有率的快速扩张往往伴随着粗放管理，一个友商在全国有几千家门店，但经销商有 5 个价格体系：3.8 折、4 折、4.2 折、4.5 折、5 折。每家店的成本不一样，直接导致面对客户的服务标准也不一样：客人 7 折、8 折买到的茶拿出去送礼，收礼人一询价市面上都是 5 折、6 折，送礼没送出交情反倒送出了麻烦。有人说先圈了地赚到钱再回头来收拾秩序，但现实往往是已经形成路径依赖，船大难掉头，既得利益者盘根错节，动一分就伤筋动骨。一个打完主要战役走向守成的品牌，利润空间会越来越有限。后来者默默无闻，但也有好处，市场全新，干净可控，只要你有好的经营理念，脚踏实地做好应该做的，剩下的就可以交给时间。

品牌的意义在于给顾客一致性的价值承诺，熹茗一直在全国门店推行标准化。曾有我们的资深茶客说，熹茗有一个特别好的地方，它的风格每一家店进去都一样，有点国际连锁品牌的感觉——就像走进华为或星巴克，你会感到非常熟悉。这种亲切感很重要，"我到北京，对北京很陌生，但我到北京的熹茗茶馆就不陌生，可以在这里谈事情、找客人谈生意。对方可能对这里不熟悉，这给了我一个心理优势。这种主场感和地盘感很明显，特别是在商务谈判上。"这就是标准化的力量，也是品牌逐步树立的证明。但在加盟体系，标准化的程度，往往受限于店铺一线服务者的认知和执行能力，我们通过培训、管理、激励、系统的制度流程标准，督导、区域人员的陪跑等一系列举措，试图从底层解决这个问题，以给客户提供有品牌印记的一致性体验。

在商品板块，熹茗以岩茶起家，全国大盘主打岩茶，占出货量的 70% 以上，但在福建省外岩茶只占 45%；南北方文化不同，顾客对产品的风味、包装、大小材质等都不尽相同，北方市场加盟商增多，所以我们根据不同区域市场的需求来标准化制作适合当地的商品，从品种、价格到包装，都做了一系列的区隔。比如同在南方，绿茶有很强的地方性：江苏喝碧螺春，浙江喝龙井，四川喝峨眉雪芽和蒙顶甘露，熹茗的绿茶原来只有龙井，江苏、成都的店铺数量多了，绿茶季就随之新增碧螺春、蒙顶甘露等4个绿茶商品，把这些地区的绿茶比重从20%提升到了接近70%。北方很多地方，过完年第一口鲜就是喝绿茶，喝龙井，我们今年的"抢鲜版"龙井，在官方可以采摘的第一个礼拜内，就把货送到我们的门店跟客户手中，这也是今年供应链的突破。

品牌标准化不是固化，是以顾客需求为中心，走到不同的地方，结合不同风土人情、顾客特点、市场需求做适时调整。背后拼的是满足这些需求的真实力。

第十一章 熹茗产品"三经"

企业经营分为看得到的部分和看不到的部分。

茶企里看得到的是被茶客细细品味的茶，是门店工作人员的细致服务；看不到的，是茶的种植过程，是对原料的筛选和焙制过程，是从品种、技艺、火功到外包装材料等各项标准的探索与制定过程……

看不到的部分，俗称"门道"，也是我们的"制茶经"，托起了看得到的部分。产品中心同事总结了我们打磨产品的心得，大致分为：产品研发、外观设计、质量控制三部分。

在我们体系里，茶将我们与店面、客人连接起来，茶和店面是我们面对终端客户的表达方式，我一直认为一杯茶滋味怎么样是骗不了人、骗不得人的，这里出了问题后面全部的工作都白费了。"杯水之情"的起点在我们产品环节，各个部门持续接力直到到门店伙伴，日复一日将心注入为顾客泡好那一盏茶汤。

一款茶从茶农种植到门店的全过程，都在这里。

顶茗内部对产品分为五个等级，稳定性是共同的标准。

说起来，一款产品就是外包装加茶叶，但前面的工序很长。

开发产品，起点和终点都是顾客需求。我们所有工作从这里开始，要在这里完成，不然都是无的放矢。销售的完成不是从公司的仓库到门店的仓库，而是把我们的产品送到顾客的手里，他心满意足地喝下去，所以零售中心的区域经理每天驻店日常工作之一就是收集门店和顾客对产品的需求反馈，把顾客的声音带回来。商品开发部门会定期去不同区域的门店，拜访竞品的门店，做行业和市场的调研，公司其他部门的管理者也会有直接去拜访顾客的任务，面对面听顾客的声音，听他们对产品对品牌的期待和反馈，我们的很多产品都是顾客帮忙一起改进的。

顾客需求经过分析整理确定之后，会由商品中心立项，完成初步策划书：描述具体的顾客场景是什么，茶原料的风格、特色是什么，外包装的规格分量，设计风格，基本的商品信息，文案等在这个阶段都要被基本确立下来。

形成概念案之后下单给设计部和产品研发，设计部门考虑产品的外在呈现，形成设计方案，包装材料、工艺方案；研发部门同步启动原料开发的相关工作。

不管是外包装还是原料，都有打样和定样的环节，这个环节往往是耗时最久的，特别是涉及到创新的工艺技术的时候会反复好几轮，甚至过程中会完全推翻重来，再加上我们的产品部老大就是老朱本人，要求就又会高一些，商品开发部有一个支持小组，和设计师、采购部门、供应商一起协同推进这个事项。

如果打样顺利，就会进入到生产关联的测试，以避免一些质量风险是没预料到的。比如设计师通常只能关注到包装是否好看，但组装成茶叶产品在物流发送与长期存放的过程当中，它是否易碎？是否合规？有的包装工艺或材料会有异味、容易褪色等。生产部门、仓储物流、质量管理的整个后端的部门会介入评估相关的风险。

测试都通过才会定稿，由采购部组织采购下单，供应商生产后，质量管理部门会对配件和组件入库验收。

同时推进的原料开发环节，是由原料和品控两个部门共同来完成。原料组的同事先根据商品概念做第一轮原料的收集寻样，由品控来设计形成它的工艺方案，做出多个小样，组织零售部门对原料小样一起来审评，确认。零售认为没有问题，定样。最后由生产部门按照品控确定的工艺实现，最终跟包装组合之后就是整个的生产过程。商品成品入库前会抽检，再根据订单由物流部门发货到门店。

上面是常规商品的开发过程，现在也会有灵活的定制商品，需要柔性生产快速响应，比如在江苏十几家门店今年要碧螺春，过去我们没有这个商品，那么就会针对这需求设个专项，快速定制开发，不管是起定量还是从下单开始到上市的时间都比常规商品要快很多。这种灵活是一次压力测试，是以整个质量管理和供应链条的完备性来做保障的。

茶企规模化最大的难点之一，大概就在于茶是非标品，茶叶作为农产品其品质和天气、土壤、生产工艺等息息相关，"看天做茶，看茶做茶"，怎么保证我去年喝到的某一款产品跟进今年喝到的是一样的？从品控的源头到商品管理各个环节都需要下功夫。

我们内部会对产品分级，分成 SABCD，拿我们的明星产品——红牛魁来举例，它被定义成 S 级，这个 S 的要求是品质稳定、供应充足不断货，从经营上来说，还得兼顾成本和利润，也就是保证这个产品有市场竞争力，这些听起来很理所当然的事，在做起来会遭遇几个挑战：

首先是预估市场需求（产品销量）。市场变化太快，过去的数据不能用来判断未来，然而没有确切的数据，无法指导一年的采购和生产，如果预估过多会造成比较严重的库存；如果预估过少，原料不够用，就必须临时采购，那时供应端可能已经采购不到你需要的原材料，影响市场。因为红牛是 S 级产品，无论付出什么代价都要让这个产品是有相对充足的原料储备。所以很考验零售对市场预测和采购对原料供应端的组织把握。

第二是稳定性。简单的原材料采购是完全没办法解决品质稳定性问题的，茶叶生产分初制和精制两个大模块，一部分初制由供应商完成，我们的品控部在这个阶段就会参与供应商的生产，给供应商提供这款产品的走水茶*

---

* 武夷岩茶工艺含初制、精制两部分。初制技术包括鲜叶采摘、萎凋、做青、杀青、揉捻、干燥等工序，形成毛茶；精制技术包含分级归堆、毛拣、筛分、切细整形、扬簸（风选）、复拣、匀堆、烘焙、摊凉、装箱（桶）入库、拼配、补火、包装等工序，其中以烘焙工序最为关键，火功程度分为轻火、中火、足火。在毛茶拣剔后进行第一次烘焙后的茶，茶农简称为"走水茶"

福建是我国茶叶重镇，茶叶包装也经历了从传统到现代的嬗变。

风格标准，让供应商知道他的原料要做成什么样的状态才会被采购。甚至也会给一些技术方案，在这个过程当中会去尽量地统一原料的风格和它处置方法，包括走水、做青、杀青。有一些比较明确的规定来引导供应商把原料做得更加的一致，精制的环节是由我们自己的茶厂来完成的，09年公司筹备，就在武夷山建立了制茶工厂，成品茶精制的技术方案、拼配焙火等核心技艺都是老爷子朱步泉带着整个团队一起沉淀下来的。武夷岩茶最大的魅力在焙火，然而不同企业焙火过程五花八门，即使同一个企业的不同产品，火功的状态也是不同的：炭焙、电焙？文火、急火？焙几道？成茶是重火、轻火、足火？我们花了十几年研究每一次焙的温度、时间等参数，结合成茶的口感表现，制定了五种火功标准，有了标准，在大规模生产阶段，品控跟生产部门可以用同一个标准完成产品。

我们有一款明星系列产品叫枞宗，曾经遭遇过顾客的投诉：今天我喝到的这泡茶，火功比平时高。这样的投诉在别的企业可能就被放过去了，太常见了。但我们不行，得去查原因。

枞宗是老丛水仙系列的产品，"木质味"是它非常代表性的产品风味，在制作工艺上，焙火环节温度略高一点的时候，木质味的呈现会更加充分，所以它用的是比中火还会略高一点的火功等级。另一个提高了生产难度的原因是我们的茶都是用炭焙（电焙更便宜，也要控制温度，但风味不如炭焙），一旦投焙下去时把控温度出现了偏差，或者工人一时疏忽没有及时翻焙，就可能会产生"焦条"——部分茶叶焙过头了，局部焦了。

还有一种可能就是退火时间不够引起的。检查了整个生产过程的记录，发现原因出在供应上。当时有一笔特殊订单，这款茶需求突然加大，为了快速满足供应。这款茶退火比较仓促就上市了。之后,大概又有三四家门店反馈了这款茶的火功问题。公司立即紧急召开了会议,把投放到市场上的全部这批茶召回。之后制定了标准:焙火全部完成之后,必须要退火三个月产品才能上市。我想我们可是行业里唯一一家因为退火的问题而选择召回产品的企业。

为了产品品质的稳定,我们做了很多标准,但也有不去标准化的。

岩凹麒麟系列是为那些顶级茶客准备的小山场系列,都是些特别小众又极有特色的纯料茶。它在定样的时候,每年都会有变化,不是说你的茶去年成为麒麟,今年就一定会成为麒麟,一定是当年表现最好的,最终用来做成麒麟。一年各山头的纯料有的只有几十斤,有的百来斤,分别从不同的山场主那儿精选,首先要求走水茶好,其次要请最了解它的师傅把它焙到最合适的状态。这个过程当中,师傅每一次焙火,我们品控都会介入和记录,老朱也会对具体产品做最后一道把关,这样才算完成当年的岩凹麒麟制作过程。这是用不标准来保证客人喝到的每一泡麒麟都很稳定的让人惊艳,满足大家对正岩茶的所有想象。

我 们 的 包 装 设 计 经

十几年前的茶叶市场,行业内都认为把里面的茶叶做好就行,对外包装的重要性认识不够,市场上充斥着一种简单粗暴的"老派审美"。茶在福建主要作为礼品,所以包装颜色上多是大红、金黄,加上龙、凤、玉玺等代

四大名丛
開篇貳卷零零

修身
XIU
SHEN

大红袍

熹茗
守中正 潤萬方

書盒式設計，是熹茗儒家文化特色的體現。

表富贵美好寓意的华丽元素，礼盒或是瓷罐，要大要豪要显眼——看着就很贵。设计实现上只要直观素材，概念创意都基本不要。很多茶企的产品包装只有一张简单示意图，设计其实是在印厂里靠师傅们对那张图片的理解来完成的。

2010 年我们初创期做了一款产品——修身四大名丛，颠覆了行业的审美，算是开创了独特的茶叶外包装设计风格，也成为我们的第一个标签。

老朱是朱熹长房第二十七代后人，设计是从《四书集注》得到的灵感。

有没有可能做跟古籍一样的茶包装？朱子集注四书，我们集合四大名丛，品牌叫"熹茗"，产品取名叫"修身"，茶为礼，往来之间是君子之交；茶为饮，精行俭德修身养性。产品的呈现要有儒家风骨，既要文气还要高级有质感。沿着这些设计理念，从字体，颜色，包装的材质，盒形工艺，一项一项去落地，我们找包装厂说想用蓝色的布裱褙在纸盒上做包装，尽管当时全国 90% 的精品礼盒都是在福建厦漳泉地区做的，包装厂仍然没法想象一张布裱在一张灰板上来做茶叶的包材，没人跟他们提过这样的需求。市面上也没有过这类包装形式和匹配的材料，只好自己亲自去找，布的纹路、颜色、光泽度，甚至胶水都是老朱从几百个样品中选出来的。反复打样调整，从设计理念到上市前后历时将近一年，没人会花这么久去打磨一款茶产品。但当我们拿到产品的专利证书，听到顾客如潮的好评时，那种心情是无法言语的，花那样多的时间和精力去创造是值得的。

后来很多同行直接拿着修身四大名丛的包装去找厦漳泉的礼盒厂仿制。刚开始老朱看了那些形似但工艺细节完全不是那么回事的包装很生气，说你要仿我，仿得更好我也认了，一看就是压缩成本的低质仿品。有种自己珍视的东西被人随意轻贱了的那种难过。后来我们出的每一款包装，都不断地被借鉴抄袭，慢慢地也就习惯了，想开了，不生气了，老朱说被抄袭是一种认可，如果能以此推动行业的审美，这也算是在为社会做贡献。

茶行业早期很多经营者来自生产供应端，他们简单地认为做茶叶包装的关键在于找到一个设计师，比如熹茗的包装做得好，找到那个设计师就可以做出一个好包装，有的甚至连设计师都不用，找到我们的包装生产厂家，指定某一款产品直接把名字换掉就结束了。他们不知道，包装设计背后是有思考和洞察的，其中必需的设计元素背后藏着的对顾客，对文化风俗，对审美、对行业，对原料工艺等的综合理解，然后这些东西组合在一起，成为产品的表达能力。设计师与设计是为产品服务的，产品来自产品经理，我们最大的产品经理是老朱。

2017年岩茶已经很流行了，水仙、肉桂是两个当家品种，俗语说"香不过肉桂，醇不过水仙"，因为肉桂这个品种的特征是香，很容易被顾客感知，所以它比水仙更火，一时间茶叶市场是各种肉，最贵的是牛肉（牛栏坑肉桂）、马肉（马头岩肉桂），还有虎肉（虎啸岩肉桂）、象肉（象鼻岩）、鹰肉（鹰嘴岩）、猫肉（猫耳石）……需求影响供给，这个潮流对茶农的刺激是他们把其它茶树品种砍了全种肉桂，甚至是一些生长了百十年的水仙茶树。老朱觉得这事不对。水仙也是极有魅力的品种，茶的风味和树龄有很大的关系，这么老的树没了太可惜，只要有销量这些水仙就有救。我们得出一个水仙系列的产品来影响市场。于是策划了老丛水仙"枞宗"系列。

相较于肉桂，水仙的特征是更醇柔、内敛不张扬但耐品，要怎么让更多的人喝懂它？能不能提取水仙茶树的一些核心品种特征，用它的口味直接来为产品命名？我们研发了一些水仙的产品，找到福建农林大学的专家老师，请科研团队来对水仙产品的理化成分做了研究分析，制定了高于国家标准的企业标准，对应在产品端有了粽叶味、青苔味、木质味老丛水仙。我们希望顾客的产品体验，不是从喝到这个茶开始，而是从第一眼看见、拿到这个包装，视觉的触觉的愉悦体验就开始了。设计团队去了武夷山实地考察，感知水仙的生长环境，去看去摸茶树上的青苔，百年老茶树木质化的肌理，提炼出这些最自然的元素，再用英国特种纸，把粽叶、青苔和木质等元素用对应色压凹在上面，味道的气质马上就出来了。包装正面设计了书页翻页效果，背面用专色金印刷介绍水仙的起源和特点，帮助不了解水仙的顾客了解这款茶。

如果说"修身四大名丛"是从文化理念展开的设计，那么枞宗则是从产品本身的感官体验出发，让眼耳鼻舌身意六感合一，顾客可能没办法从专业角度去讲茶、讲设计到底好在哪里，但他能感知到一种称之为"气息"的东西通过包装设计、材质工艺、茶汤滋味传达出来的。

这样做出来的产品，是会让我们自豪的。这种自豪也无形中不断激励着小伙伴们去创新，去寻找更好的解决方案，在产品部门有一个骇人信条：不美则死，为了把产品做得更好。

岩四是在 2013 年上市的，我们当时想把最贵的茶装在最便宜的盒子里，和市场上堆料的豪奢包装（一款茶，原料成本、包装成本占一半）的风气做区分。几千块钱一斤的茶，包装成本只要 5 块多钱，仅用这么多钱怎么保证质感？老朱让产品部的小伙伴去找瓦楞厂家，用瓦楞纸做彩印，打了金汤玉露，烹著史上最贵且材质工艺最复杂的产品。

三十几个样，才把颜色、质感做到符合我们要求。我们还把产品介绍写成赋——岩凹赋，找到建阳麻沙做雕版的老匠人刻了一块雕板，用宣纸手工一张一张拓印出来装在产品里，手绘山场地图、产品身份证，也是行业里的首创。虽然材料成本只要5块多，但盒子的盒形、比例、手感、工艺……每个细节被反复打磨，包装厂家从来没有遇到这么龟毛的客户，一度想撂挑子不干了。岩凹面市后，成了茶圈的硬通货，那时候我们买东西甚至不用给钱，朋友们说，拿两盒岩凹来就可以，老朱后来在圈子里的外号"凹哥"，就是这么来的。

设计有时看似简单，难在于要用恰当的材料和工艺来表达理念。跟我们合作的包装供应商都有一个磨合期，产品团队会和专门负责工艺的印厂师傅直接对接，一起讨论工艺，反复打样和确认。我还记得有一次出新品，在金粉的印刷这道工艺上来回花费了半个多月时间。主要难度在于当时丝网印刷通常使用油墨，没有人用金粉，这需要印刷厂专门去寻找金粉供应商，了解金粉的调控方法，反复试验。到目前为止，熹茗史上最贵且材质工艺最复杂的产品，是十万一斤的——金汤玉露，一盒一泡，售价1666元。它的外盒颜色取自宋徽宗的《瑞鹤图》，用的是湖蓝、翡翠绿接近色的特种纸，内部的漆盒黑金两色，装茶的杯子是琉璃的，配了铜制的宋代官帽式盖子，此外还有小贴条、身份卡、信封等一众配件。工厂生产线的大姐们在包这款茶的时候，都戴着白手套，为的是不在漆盒光亮如镜的表面上留下指纹。客人拿到这样的产品会舍不得喝，直呼太美了。做好的产品会让人上瘾，但在实现这个设计过程中，要解决无数的难题又是让人崩溃的，比如琉璃的杯子和铜盖子是不同的厂家，怎么解决配套的问题？运输过程里怎么避免磕碰的问题……这些问题都意味着产品开发周期会被一再拉长，企业的成本也会随之增加，美和效率的天平，虽然偶尔会有动摇妥协，但我很庆幸最后我们都选择偏向美的那一边。

南北方市场差异，北方客人比较喜欢瓷罐，瓷罐要大，送礼看起来比较大气，我们原来主要市场在福建，包装相对都精致，分量小。当时，前端零售部门对瓷罐这种包装需求也是非常急切。最快的方式是采买市场上有的罐子，拿来主义又快又稳妥，也跟供应商征集了很多样品，这些罐子过市场那关没问题但过不了老朱心里那关，最终的还是结合宋代的文化元素新开发了海棠形罐身，汝瓷、柿红、黑金几种釉色。第一批罐子成品的破碎率比较高，重新做以提升合格率。成品率上来了，釉色又不够正不够理想，瓷罐上的 logo 怎么能做到清晰，不变形，挂釉又挂得很好？解决了100个拦路虎才有了现在的海棠陶瓷茶叶罐。

熹茗从岩茶起家，发展到全品类，从第一款产品修身四大名丛到现在 200多个 SKU，讲起这每一款产品的诞生，背后都是故事，三天三夜也讲不完而这些都是同事们的心酸血泪史与艰苦奋斗史。我们有个采购的同事说：当时不理解，为什么要去挑战整个行业零经验的工艺？但是几年市场的反馈让我终于明白了。现在我们去拜访供应商，哪怕是辅料供应商，人家一听我是熹茗的全都知道。一个工业缠绕膜类的小供应商，他能立刻告诉我没有想到熹茗能做到在布上印刷、在布上做烫金，还能烫冷金烫热金，每次听到行业内专家的夸奖我们都很开心，取悦不懂的人容易，让行家为你点赞，这就是成绩了。

店长说，我们的包装质感很好又有文化属性，让客人一看觉得是好茶，我们介绍起来也都很自豪，设计每一个细节背后都有很多故事可以跟客人讲，也给门店带来了很多销售，对产品很有信心。

十几年下来,我们很多产品的设计走到了行业前沿,陆续得过不少国际国内的设计大奖:金汤玉露获东京 Topawards Asia 亚洲顶尖包装设计奖,大儒系列获德国 iF DESIGN AWARD,宋韵获巴黎设计大奖 DNA Paris design awards……英国黄铅笔奖、意大利 Fedrigoni Top Award、OneShow 中华创意奖等,茶行业内偶尔得一个大奖能看到,密集得奖到跟着国内外设计界的潮流同步的茶企应该只有我们一家吧。

现在整个社会消费观念也在变化,国家出台包装新规,行业的包装开始朝着轻量化、更环保的方向改进。10 年前,我们就开始探索一些新的环保材料的可能性,也去寻找能用诸如甘蔗渣、茶梗、茶渣材质来做环保包装的供应商,可惜的是能用的太少。尝试了 10 年,对环保包装的工艺和背后认知变得深入,很多环保材料,生产时是不环保的;关心环保,但环保依然需要为产品服务、产品再为顾客服务,如果环保纸低成本材料的包装,设计表达不到位,或者茶的品质不够好,卖不出去形成库存,也是一种不环保。

我 们 的 品 控 经

茶行业有个迄今没有被解决的问题——如何稳定源头茶的质量? 如何向参差不齐的上游管理,尤其是规模每年都在加速扩张的状态下。从茶园到茶杯,我们的品控链条很长:从茶农种茶就开始了,直到产品面市。

最早的供应商都是老朱直接去谈的,现在这些供应商不少已经由第二代接班。2009 到 2013 年岩茶在市场上销量比较一般。当时茶农的销路主要在当地，或者一些散客。老朱一开始找这些供应商合作的时候跟他们说，铁观音在福建乃至全国的销量都很好，也有全国知名品牌，武夷山的生态种植出了高品质岩茶，但是市场还没有一家岩茶的品牌，总有一天岩茶市场也会和今天的铁观音一样的。他希望做第一家用更长远发展理念去跟茶农合作的茶企。

那些年老朱给供应商的采购价格略高于市场价。他说：对于供应商来说，当时没有那么多岩茶品牌，岩茶销路比较单一，熹茗和他们相当于一种双向支持的关系，供应商的日子好了，我们的茶品质也会好，可以长久一起合作。

如今熹茗在武夷山岩茶供应商有上百家，战略供应商有十几家，每年收茶金额差不多六七千万元。茶叶采购由采购部的原料组负责，这些同事大都是茶学专业毕业的，他们有一半的工作并不是常规采购那些商务谈判，而是提前介入供应商的茶叶种植生产过程，整个初制工艺，从采摘开始，茶青要经过萎凋、摇青、做青、杀青、揉捻等工序，这些环节采购经理都会关注。

和一般认识不一样，岩茶供应商最大的资源，不在于山场、原料，而在于他的技术。采购经理一年可能有200天泡在武夷山上面，他要到各个供应商生产现场去，这样才能非常直观地看到各家做茶的技术，甚至也会和质量管理部的同事一起参与供应商的茶园管理。有时候培训供应商，给到他们一些具体的农事管理方法，包含茶园管理，除草施肥用药的建议。

后来岩茶果然如老朱判断的那样流行起来，武夷山茶青的价格也水涨船

嘉茗产品设计屡获大奖，成为茶界风向标。

高，每斤青叶卖到几百块钱，核心产区的价格还要更高，供不应求，甚至出现茶商带着现金到采摘现场等茶青的场面。在利益的驱使下，茶园会有过度采摘的情况，用化肥跟不用化肥，产量会差很多。茶园如果长时期使用化肥，对土壤的酸碱度有影响，也会有板结的情况，会导致茶原料中水浸出物含量降低，茶叶会变得越来越不耐泡，品质有缺陷。我们推动上游怎样把数量增长往品质提升去转变，用更高的采购价格来抑制这种冲动，这几年整个行业逐渐回归理性。

我们对原料采购的农残标准要比国标严格，基本定在国标的50%，采购进来的原材料也是批批送检，如果不合格就会退还给供应商，在整个种植、生产的环节，我们的工作人员面对面和茶农们沟通，确保把相关的要求同步到供应商那里，现在我们的战略供应商已经开始自发做减肥（减少施肥）的措施，有一些供应商的农残控制做得非常好，他会教给我们在什么时间用人工除草的方式有效抑制病虫害或者用更有机的方式去种植。我们就像蜜蜂传粉一样，把这些先进经验传播给其他供应商。

武夷山是双遗产保护地，国家森林自然生态比较好，管理得也很严格，我们收购的是春茶＊，原料比较有质量保障，目前我们在将武夷山岩茶茶园管理的标准和方法向白茶产区进行输出，白茶的采摘时间相对会更久一点，可能会延续到5月份或更晚一点，后面气温升高病虫害发生的概率会增加。帮助白茶产区的茶农提前做好防控是非常有意义的。

对我们来说，所有的质量问题，越早发现对于成本的损失是越低的。

＊武夷山分春茶、夏暑茶、秋茶和冬片，春茶品质最好

虽然整个武夷山家家户户都做茶，但是每一户做茶的风格不太一样，技术参差不齐。一开始，是基于我们对茶农的认识做定向的采购，最近几年，我们通过公开招标的方式，事先发布企业的用茶风格和甄选标准，面向全武夷山征集茶样。这样可以最大程度地保证我们收到尽可能多，选出品质尽可能好的茶。

征集来的茶样会由专人隐去供应商信息，用铝箔袋分装编码，组织评审小组进行盲评。评审小组主要由厂里的技术、质量管理、品控的同事组成。有时还会请第三方科研机构的专家老师一起来参与。按照审评的标准和流程，每一泡茶的优缺点都会被如实反馈记录，因为茶叶审评是主观审评，遇到观点不一致的时候，大家就会把有争议的茶样单独挑出来，细细地再喝一遍，最后讨论出一个结果。每一年的采购季，评审小组要喝成千上万泡茶样，厂里的大师傅告诉我说，有一年收茶巅峰，他一周喝了 8000 泡茶，平均每天 1000 多泡，喝得整个人都麻了。

整体审评工作结束，出来入围名单，再由采购去跟进后续事宜。连续几年有一位供应商，他送来的茶样，盲品的评价很好，走水茶工艺稳定，我们很好奇他怎么做到的，就去跟他请教，原来他的初制工厂安装了空调和通风系统，确保整个做茶现场是恒温恒湿的。这是我知道的武夷山茶农唯一一家。我问他，你怎么会想到厂里面去装空调，他说因为你们收的茶叶质量要求比较高，过去都是看天做茶，现在有条件了，希望通过装空调尽量减少天气变化导致的质量不稳定，这个供应商现在成为了我们的战略供应商。对于供应链的同事们来说，每一次采购季也是提升季，是和茶、和茶农双向交流共同成长的过程。供应商的茶越做越好了，我们的同事也越来越专业了。

丛味老
青苔味老
水仙

MOSS FLAVOR
OLD TREE
NARCISSUS TEA

▌ 熹茗老枞水仙系列获 ADC 99th Annual Awards 优胜奖 Merit。

还有一位供应商老李，他是天心村的当地人，从年轻的时候就开始做茶，20世纪80年代岩茶卖不动没有销路，他只好煮成大碗茶摆在景点门口卖给游客解渴，一毛钱一碗。2013年岩茶开始流行起来的时候，他的生活也随着岩茶一路红火起来。但在这之前，我们就已经是他的采购商了，那个时候我们刚起步，双方相互扶持走过很多沟沟坎坎。后来老李做的茶不愁销路，也依然愿意以公允的价格卖给我们。这几年老李儿子接班，除了做原料批发零售，他也做了自己的私房茶品牌，到福州开了门店，老朱经常和他交流岩茶未来的发展方向，分享自己对私房茶品牌的理解，一点不藏着掖着。在公司的很多产品宣传上，老李和小李都有出镜，遇到想要买特色私房茶的客人，老朱也常常会介绍给老李家。老朱的想法就是要百花齐放，每个茶农做出自己的特点，大家好了，整个行业也就好了。

我们现在的品控是全链条监督，相当于不断前置去识别并参与整个生产链的风险管理。原材料我们着重在供应商的技术，包装我们重点评估供应商对美感、工艺的认知和实现的能力，以及愿意和熹茗一起不断"折腾"创新的耐力。

很多传统的包装厂规模不大，多是工人手工包装，老板对我们提出的工艺细节要求等都很愿意配合，合作一段时间我们需求量上来了，供应能力就跟不上，质量也随之出现问题，我们团队会去现场和他们一起分析、改善生产流程。也有一些供应商，早年是给古驰、路易威登、迪奥等国外一线奢侈品品牌代工的，技术实力、现场生产管理能力很强，但遇到我们这种不走寻常路，总是试图用创新方式使用材料来做包装的茶企也是又爱又恨，这时的画面就是，工厂里双方团队在一起各种尝试，材质上、工艺上，直到产品的落地实现，过程无比坎坷，坚持就是胜利。

我们跟供应商一起成长的，是一种特别长久的关系。

品质控制和管理的最后一环在我们的内部：生产、仓储、物流。茶是一种吸附性特别的产品，对于生产环境的洁净度，仓储环境的温度、湿度都很敏感，有一年全国范围持续暴雨，导致原料仓库的湿度异常增高，行业里白茶和普洱常被界定为具有良好的存储性能，抽检并不频繁，那次暴雨过后，我们对存储标准做了最大程度的升级，提高了监测的频率。

供应链是项长期紧绷着一根弦的工作，这几年各个部门在整个链条中的风险识别的意识和能力在加强，质量管理工作进入到特别细节的地方，意料之外的事越来越少。

第四部分
服务与空间是茶馆的核心

一切都在围绕服务重构

第十二章　旧邦新命：十五年重新思考中国茶

对话朱陈松、叶婷婷

2009 年朱陈松创立熹茗茶业的时候，同行开始推直营加盟店模式。彼时的他还不知道加盟是熹茗未来的破局点，他知道的是把想奋斗的侍茶师叶婷婷招进熹茗，而这个人就是他未来的人生和事业搭档。

福建人朱陈松从东北进入茶行，起点就是收拾旧山河。4 年之后他回到福州，创立御华苑大红袍。"御"蕴含高贵之意，他之前待的东北就是皇室的后院；"红"则除了茶王之外，本身是一种热烈的自豪，知道自己是朱熹血脉之后，这种自豪就精准清晰地凸显出来。熹茗总部大楼的 logo 上，就是红袍垂裳的宋儒。

汤一介来武夷山在天游峰下的云窝喝茶，想起当年父亲汤用彤带自己和熊十力、钱穆等去来今雨轩喝茶的情景，感慨到"前事的景象消失了，又会有新的景象产生"。这句更像是茶谶，他并不知道若干年后，熹茗茶会成为中华孔子学会的指定茶。汤一介的北大教授之外，还有一个身份是中华孔子学会的会长。

朱熹的《四书章句集注》成了"为往圣继绝学"的典范。四书开篇的《大学》中有修齐治平之说，而后人朱陈松治茶的第一声就是"修身四大名枞"，熹茗起于连锁加盟，启动的名目是"扶持茶小妹创业计划"。从趋势大角度而言，朱陈松旁开别门，做的仍旧是朱子"继绝"的事业；到东北实战，是收拾朱家旧山河；回福州创业，是收拾茶业旧山河。福建的武夷岩茶从知名的那天起，从未有今天的香馥、舒展和辽阔，这都有熹茗等一众福建茶企之力。

熹茗是如何将一条独特的路走到今天，创始人的商业与文化思考是什么？

作为出版方，我们专赴福州采访熹茗的朱陈松、叶婷婷夫妇。以下是对话精选——

[朱陈松]

[叶婷婷]

空 间 ： 想 象 的 载 体 ， 刺 激 购 买 欲

将饮茶   台湾同胞在福州开茶艺馆，对你启发很大？

朱陈松   对。改革开放以后，开始出现茶叶店，玻璃罐子里装茉
        莉花茶、乌龙茶……拿个勺一舀一秤。原来的副食商店
        都卖茶叶——它算一个副食品类。台湾天福茗茶进来，
        才开始体验式泡茶的卖茶模式——大陆茶叶店里都是
        柜台，它就加一张桌子，烧水泡茶，让你试一下再买。
        我们原来国营的茶叶店跟副食品商店，试喝不了——
        下班一盘点，货少了。（能试喝）这一点上它就占了先
        手。有卖的就有买的，有试喝就吸引了有闲的人，每次
        买茶就泡起来跟你唠嗑。

将饮茶   之前福建喝茶都怎么喝？

朱陈松   之前大部分都是解渴，当水喝，解暑。闽南也有工夫茶，
        来了客人就是简单泡；闽北是拿一个玻璃杯，放点茶
        叶开水一倒，有时候会加两块冰糖——那时候糖比茶
        贵。经济发展之后以茶待客的社交礼仪才真正发展，有
        身份的喝茶人对历史文化又比较了解，茶文化也就兴
        起了。社交属性上，酒跟茶不太一样，酒在餐桌上，更

奔放，茶让人更亲近，容易展开深入的交流。

将饮茶　　　天福茗茶对你具体有什么启发？

朱陈松　　　我从中发现了一个隐含需求：买茶是表面的，里面是社交，而社交再更深一步，就是存在私密社交的需求。天福茗茶不过柜台之外加了张桌子，那我们就再给他提供个包厢。福州华林路开第一家店，我们设了9个包厢，还有一个很大的会议室。我们包厢不卖，买茶送包厢。茶馆设包厢是我对福州茶馆的贡献。以前的茶店极少数有包厢，有也只一个，现在的最少有3个。

将饮茶　　　正常思路不都是收包厢费么，有的还收高价，你为什么送包厢？

朱陈松　　　为了在竞争中碾压别人。服务越好，上客越多，消费机会也越多，赠包厢满足并扩充了客人的第三空间需求。一开始推行过积分制，用积分换包厢，用过一段就调整了。现在是大客户来就到包厢，这变成一种有温度的事，还能调试业态。

将饮茶　　　送包厢的成本核算过吗？

朱陈松　　　算过。300～500平的大店，比较好盈利，但会影响回本速度：因为偏大，要投三五百万，复制起来慢；而且越大对管理要求也越高。光卖茶罩不住，服务必须跟得上。

将饮茶   把空间当商业模式的核心难点是什么？

叶婷婷   平衡成本。包厢加服务员，同时免费，就倒逼我们提高系统性能力。确实，跟其他茶馆比，初期我们多花钱了，但这属于基础建设，为未来的品牌以及更大更远的东西做铺垫，这早晚得做，只是我们现在做了而已，提前把钱花了——相当于"日拱一卒其志不在小"的意思——这是从卖茶重销售变成重服务思路的根源。

朱陈松   我们楼下店5个包厢，不需要什么服务，因为都是老客户。给空间又不收钱，没服务压力。空间大租金是高，但空间足够好，客户体验不同，购买等等都会自动带来，这就跟竞争对手拉开了距离。跟卖房一样：毛坯不好卖，但样板房就让顾客有想象的载体，刺激购买欲望。

叶婷婷   空间还包含其他几层含义。它在我们看是一个店，但顾客看这就是他家客厅。上次开会出来一个词叫"贵客的舞台"——我们是给客人搭台唱戏——只有茶的时候，它就是一个茶；又来了一个人，这就出现服务；再加上空间，就变成一个台子一个场子，卖茶变成社交：客人带朋友来，需要有尊贵感，我们就是客人一边的帮手，都是他的迷妹；客人自己来，需要休息，我们就

文气，是熹茗茶馆追求的气质。

是港湾，提供各种专业舒适服务。场景变，角色也随着切换。

加盟：门槛低，但选人很严

将饮茶　熹茗的加盟模式跟传统的加盟相比有哪些区别？

叶婷婷　我们一直在跳出自己的视角，试图客观地打量和分析市场。商业本质的、唯一的难点就是——能把握顾客需求，比如我们有"求真三问"：谁是我们真的客人？客人的真正需求是什么？我们所了解的信息是真的吗？

顾客的诉求就是市场，但它一直都在变化，要根据变化不断地去应对、调整。直营店是试验田——跑模式，做品牌，短期没有回报，但它太重。做品牌就要有足够的规模，加盟的目的就是做规模。加盟比较轻，同时可能会带来初衷的偏离——加盟商永远会有自己的想法，完全步调一致太难。做茶，本质上是靠产品来跟用户接触。直营用来理解市场，保持自己对市场冷暖的直接感受，这个东西不能丢，丢了就完蛋了；加盟用来更大范围地扩张，复制自己对市场的理解。

朱陈松　现在很多做品牌的都有一套固定动作，快速包装出一个品牌:刚做了一个直营店,不管生意好不好,就开始做招商广告,拉起一支招商的队伍,搞所谓的大事件营销。招商就是一切,一切都是招商。他们开店,其他的门槛可以降低,但第一次拿货必须要多。实际上这家店回头开不开下去无所谓,反正就是拿货,对加盟店当然也不会有任何的赋能。

将饮茶　　　　有人来过很多次要加盟,你们都拒绝了。

朱陈松　　　　上次开品牌大会,我讲过克制扩张。之前我们还没这种概念。2013 年,华莱士山东大区的负责人,在山东泰安开了我们的第一家加盟店,但当时那里习惯喝茉莉花跟绿茶,岩茶根本没办法卖,而且再赋能都没用,区域经理在那待了几个月,根本没用。这个店后面就没开下去改成做其他的了。这个事儿在我心里是很有阴影的:本身也是一个朋友,人家来福州跟我交朋友,拿钱来开店,后面也没管人家,这个店就倒了——你说这怎么交代? 做人就不能这么做。这个事儿上,我没亏钱,因为他自己投的,开我们的店,进我们的货,最多我多跑几趟,我不亏钱,但是人家投的钱亏了。我过不去。这个是我的价值观。价值观用来做价值判断的,我的价值观到底是什么? 必须清楚什么钱能赚,什么钱不能赚。

叶婷婷　　　　一开始,创业就是本能,为了活下来。最早不知道自己是朱熹后人,企业也没取这个名字。后来翻族谱知道了，因为朱熹有文化，跟福建有关系，以这个名号去做营销——层次就这么浅。然后一大堆一系列生死攸关的问题扑面而来，每天都借钱，每天都想怎么撑下来……人性本身贪婪，但原理简单，你先知道不要什么，留下的就是要的。前面 10 年经过了林林总总，最后留出一条路，就是我们肯定了不要什么。相对的，要什么也慢慢清晰了，我们认清了自己的血脉。

将饮茶　　　　所以早期其实你们不是扩张，而是筛选？

朱陈松　　　　对。选商非常重要，我们高速发展的时候，2017—2019年，每年很有加盟意愿来咨询的，我们拒绝过至少 100多个。

将饮茶　　　　被拒绝的加盟商都什么特点？

朱陈松　　　　第一，他加盟不是想当事业来做，第二，价值观不匹配，不想服务好客户。我们招商门槛低，但选人又很严，目的是要找出想创业、又把这个当事业的那些人。

　　　　　　　被拒的有很多种情况，可能自己没想清楚，可能比较难缠等等，也拒绝了一些条件不错的，因为我们的管理幅度跟能力有限。只有管 50 家的能力，塞给我 100 家店，肯定管不好。我是这样的人：怎么踏实怎么做，晚上睡觉很安心。

将饮茶	巡店过程中有什么印象深刻的事？
叶婷婷	公司不允许加盟商开门店后再经营自己的产品。巡查中，发现一个漳州加盟商违背了这个原则。我们就下去处理，见面她用一种冷冷的口吻说，这个事情还是不要处理了；走的时候她坐茶桌后面都没站起来。我们都是做服务业的，不能这样。后来一次刷到她朋友圈，说盘点一年，上了多少全天班，医院花了多少钱，小孩现在还咳嗽。那一刻我将心比心，一下子理解她了：她只是努力过活而已，支撑店铺，面对很多无法想象的辛酸苦楚。
朱陈松	刚开始店少经常跑，帮他们看店铺，协调股东矛盾，给经营出谋划策等等都帮，婷婷说我就是个大组长；现在店多了，分身乏术。建团队去处理，但后面发现，团队也解决不了问题。一个事，你想这样做，但团队理解和你有差别，所以做的结果跟你想的不一样。从组织管理上说，连锁要标准化，就要有体系，有系统。把很多单店问题抽出来，做共性问题的解决方案。比方说公司花钱请顾问去做合伙制，是帮助每个门店解决合伙规范跟标准以及后续的升级，解决系统性问题。这看来是门店自己的事，但他们任何一个都做不了，因为这是共性批量性的问题。
将饮茶	熹茗跟其他连锁茶企最大的不同是什么？

| 叶婷婷 | 做事的人不同。核心竞争力就是人，人不同做出来的东西不同，比如空间，对他们是一个店铺，对我们则是一个载体：做出来的产品就代表了品位、服务跟理念都涵盖了。人和人的不同就是企业和企业的不同，体现在看你把时间和钱花在什么事情上。 |

| 将饮茶 | 还有什么同行没做，你做了的？ |

| 朱陈松 | 太多了。以前行业的装修比较过时。我们是第一个请很顶级的设计师来做空间设计的。跟美有关的，我们都舍得花钱。第一个做岩茶品牌连锁专卖的；第一个做正岩茶品牌，产品还有山场身份证的；第一个开多包厢大店的；第一个开启店长创业模式的；第一个不找资源人开店的…… |

| 叶婷婷 | 第一个把茶会落地到每个店的；第一个做体验式游学培训的；第一个开产品活动发布会的；第一个推出品种茶企业标准的——行业内一度猛推肉桂，甚至导致茶农把水仙树都砍了去做肉桂，我们第一个推出水仙的企业标准；第一个所有产品都是炭火焙，绝不用电的…… |

| 将饮茶 | 地方性消费品牌走出所在省份很难，熹茗初步做到在北方逐渐立足，关键点是在哪？ |

| 叶婷婷 | 第一,产品能力,可以覆盖到所有品类。你喝什么茶我就能生产出这个茶的最好品;第二,运营团队能力,我们有单店运营的工具方式方法、一整年的市场活动、培训系统、区域团队覆盖等。 |

| 将饮茶 | 怎么理解、掌握当地的用户文化? |

| 叶婷婷 | 在当地招聘组队。还有找到比单店级别高的城市合伙人。在省外这一块也还刚开始,只是发展得比较好,还不算成功,山西市场就是这种状态。我们同事去做代理,现在有 27 家店。对省外而言,一定要有服务输出去,是通过变强来变大,而不是变大来变强。 |

现在的形势是倒逼我们要变强。2023 年之前,省外就是自然生长,来咨询也合适开店的就开,没有强干预。2023 年开始,省外团队也有十几二十个人帮他们去做招商了。

审 美 : 在 文 气 与 土 豪 之 间

| 将饮茶 | 熹茗的产品包装在福建茶行业里面别具一格,这个审美观是怎么形成的? |

朱陈松　　　最开始是受一个亲戚的影响,小时候我总跟他玩。他是
　　　　　个文艺青年,20 世纪 80 年代在县城开广告店,出黑板
　　　　　报,他书法特别是美术字写得特别好。我经常给他打
　　　　　下手,因为写字画画这事,我也挺擅长。

　　　　　后面在学校搞宣传,那时没电脑,美术字都手写。我一
　　　　　上手就不用打草稿,美术字大排笔刷刷就开写;运动
　　　　　会田径场上大海报,一个美术字有一人高,我就这么
　　　　　一笔写下来;学校里几位老师在这方面很懂行,也很
　　　　　深刻地影响了我。我跟你讲,我从小就有一颗要做品
　　　　　牌的心。

　　　　　最早产品设计的灵感来自《金刚经》。因为经书是线装
　　　　　书,装帧很好,一打开特别有仪式感,我马上跟设计师
　　　　　沟通,做出了包装。但那还不是商品,是送人的最高端
　　　　　礼品,起了个名字叫"儒士"。包装一出来全城震撼——
　　　　　所有见过的人都觉得好。那时候包装时兴大,后面就开
　　　　　发了修身四大名枞,用四本书的样式,朱熹的《四书章
　　　　　句集注》不就是四本么？ 正合用。

　　　　　我们在设计上一直有追求,包装出彩是第一,logo 出彩
　　　　　是第二——那个穿官袍拱手作揖的宋代大儒。这是我
　　　　　的创意,让设计师做出了最早的图形标。企业做到到
　　　　　大品牌阶段,图形标就极其重要——熹茗的标志就是
　　　　　一位宋代儒生穿着朱衣朱裳的宋代朝服拱手作揖的形

象。这个标志还是很震动的。行业里能被人记住的logo就是八马的跟我们的。八马的是找靳埭强做的——他是中国最好的设计师之一，我们连大策划公司都没用，找了一个设计师就把logo做出来了。这个事还是有点意义的。

叶婷婷　　　迄今为止熹茗所有的设计，主体的策划思路，乃至于一些非常具体的形象、颜色、图形、纹路、创意都是我们自己的。从创业开始，我对好看就特在意。有人就是因为logo好看，才来应聘的。2010年华林路第一家店开业，做请柬一张成本8块钱，做海报一张更要3000块——那是当时福州人一个月工资。最后是我熬夜跟着设计师一块设计调稿，才最终确认。

朱陈松　　　当时是找遍了福州的设计师，都没有满意的。

叶婷婷　　　玩的朋友也挺重要。我们认识藏家李敏宁的故事挺有意思的。2010年有一天我们在福州的西湖边上散步，路边有一家店，很小很破的，里面挂着林散之的一幅字，觉得很高级就进去了，店主就是李敏宁老师。我们从一开始认识就惺惺相惜，经常去那里坐坐。我们审美趋近，他爱看周春芽、朱新建、刘鞞等艺术家的画，他跟刘鞞很要好，刘还在他的汉脉空间——差不多客厅这么大——做过一个展。我有一点钱了之后，就开始买画、买器物，还有当代艺术品。我没有在名牌包上花过钱，我就喜欢买这些。

很多时候审美跟做商业的逻辑判断是一样的：你不知
道怎么做，但你知道要什么。一旦那个东西出现，你一
眼就能认出来——就像我们去学日本 STM 战略管理
课程。那年老朱去了 STM，我去了复旦商学院。之前我
们找学校，就是很清晰地知道自己的知识体系不够用。
知道 STM 之后，就肯定这就是我们要的东西，一旦找
到，就是 200% 地去做了。福州这么多人，我们也就只
跟李敏宁这样的人玩。就像逛古董市场，我宁可花很多
钱买一把好的铁壶，也不买很多把一般般的，这就是理
念的关系。

将饮茶   你们的产品设计有学习对象吗？

朱陈松   从苹果学到很多。

叶婷婷   设计的理念，我更喜欢取法古人古物。比如做千秋一
白，名字有了怎么去落到设计上？千秋是一个时空概
念，千秋大业又归于平淡从容，这 4 个字怎么表达？设
计师肖小波，做任何项目都一稿过，从无返工，他做我
们这单就破了功。而且他每次出的设计稿是不是他亲
自做的、花多少时间做的，我一眼就能看出来。做千秋
一白，他开始找不到灵感，拖了很久。后来我说就用青
铜器上的饕餮纹、云雷纹、连珠纹，他的第一版设计才

228

出来。设计跟解题一样，就是要把通感和意象一致地表达出来。

设计师跟品牌都好，这还不够，双方配合还得好。首先，都爱折腾。不断去找，直到最好。第二才是设计元素。要烧个陶瓷罐，海棠型的，市面上没有这样型的。比如做金汤玉露，外盒是纸，内盒是漆，里面有一个水晶琉璃杯，杯上是铜盖，还要做成官帽形状。细节的东西怎么解决？铜盖跟琉璃杯怎么契合？运输还不能碎，包装怎么弄？茶叶喝完还要留用，所以铜盖可作为茶拨架，放置茶针茶夹，琉璃杯亦可作为个人随身杯——包装这么精致，丢掉就浪费。

我们有一个环保概念的产品叫"平天下"，最早包装是一个大红漆盒，底下一个大漆托盘——用完可以做干泡台，或者供桌。但很多客人不知道来历，把包装丢掉，让我们心疼得要死。还有我们的山场茶岩凹，包装就做一纸盒，理念是最贵的茶装在最便宜的盒子里，成本集中在好茶上，用手工元素增加温度。我们还把手绘山场地图做成了手工雕版，用宣纸一张张拓出来——这种手绘山场地图盖戳，也是我们发明的——背后就是产品理念，也是借此传递给顾客的东西。从顾客角度，拿到手上的尺寸很合适——一个标准男性的手掌大小，比如牛魁的盒子，就把厚度、宽度、名字跟送礼场景等这么多的维度，找到了共同的契合点，通过这个产品全

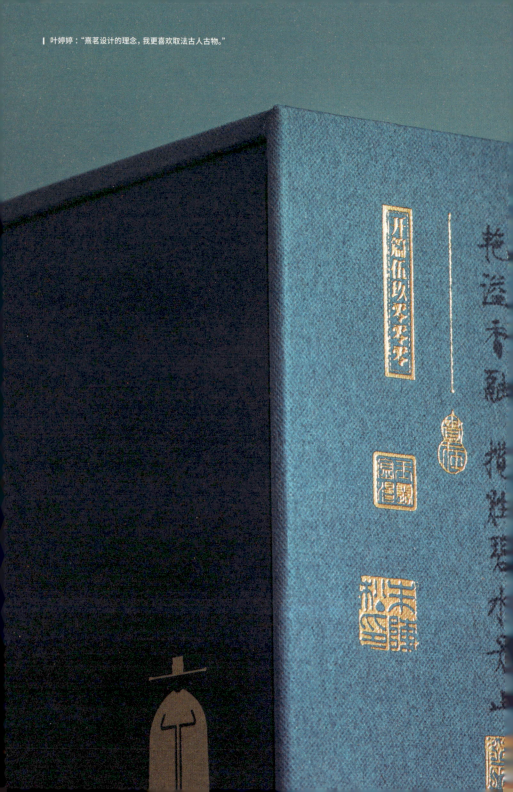

叶婷婷："熹茗设计的理念，我更喜欢取法古人古物。"

琉璃钟、琥珀浓

琼台玉露、展华馥雍容

集千萃、采万长

瑶池金汤、傲若贵花香

部表达出来。

看多了老器物,那种流畅精细的线条会训练你,审美就是潜移默化的,就是泡出来的。熹茗 logo 调的最后一版,找的是一位大设计师,他一般不轻易接受别人观点。我觉得一个部分肩线看起来别扭,就跟他讲,士大夫的官袍是绸缎类,得有垂坠感,这种肩线非但没垂坠还膨胀起来了,这是棉布而不是绸缎。所以肩线要调,他接受了。很多时候设计只在浅层思考,比如做士大夫概念,只想到文房四宝,辅助图形就是一本书页翻开就完了,很浅很粗暴,不会再抽象出一个高级的东西。

产品的审美设计着眼于顾客,但必须高于顾客:不纯粹文气,也不纯粹土豪,它是奢侈、贵气同时又很文气。对于古典,不照搬,不一味仿古,要有现代的表达。

将饮茶   用怎样的故事来包装岩茶这个品类,吸引用户选择熹茗?

叶婷婷   这根本不是故事的事。我们不是岩茶市场火起来才做岩茶的,我们第一个做岩茶专营的时候,大家还都在喝铁观音。你怎么讲故事?我们出圈不是靠产品,是靠空间,是靠服务体验。做成了,压过铁观音,人们才说熹茗最早做岩茶,产品品质一直在线之类。直到整个圈子都很认,岩茶的品类地位才树立起来。

品质一定是打底的,这么多年,熹茗焙坑是全武夷山最多的。除了春节几天停焙,全年不停。老朱一直把控质量,这点跟所有茶企老板都不一样,跨越多个维度,从内到外都专注的只有老朱。

真懂,需要长年累月浸泡跟累积,还要有天分跟感觉。茶也好,美也好,在中国的教育体系里面是没有的。知识的阶梯能够让你爬上去,但走到没有阶梯的时候,你的依凭就是悟性。

创业:更孤独了、更不怕死了

将饮茶　　　创业之后踩过哪些印象深刻的坑?

朱陈松　　　踩坑的事太多,比如我们工厂的自动化生产线,花了几百万——结果都不能用。

叶婷婷　　　体量上来之后,就需要专业人士。外聘了一个供应链中心总经理,老朱属于放权即弃权的人,而且我们也没这方面专业,就失控了。相当长一段时间他说什么就是什么,折腾到最后,也没做出茶来。说要弄一条自动化生产线,结果花了三五百万,一天都没用上,最后都拆了,只剩一堆零件。没用上的原因:第一个,不对路。

茶产品的形态多，而所谓产线大规模自动生产是：一条线只能出一种形态；第二，产线的设计有问题；第三，关键是产线生产厂家没做过这样的产品。

朱陈松　　我们后面分析的，一个是不具备做自动化产线的能力；另一个，没想清楚，我们根本就不需要做 4 条自动化。茶叶包装就是 SKU，是要做柔性生产的。

叶婷婷　　管理的先决是判断，我们没有判断力。一个总经理基本要有十二三个专业能力板块才有可能去做事。

将饮茶　　现在有哪些措施来应对经济下行消费降级？

朱陈松　　消费降级不如说消费清醒。该花的钱花，不该花的钱不花。以前钱好赚，随便买，现在要考虑是否值得花，值得还肯定会花。所以首先是产品好。

将饮茶　　消费新变化有吗？

叶婷婷　　顾客送礼开始送便宜的了。以前送 2000 块一斤的，现在 1000 块的就差不多了；自己喝的，以前 5000 块，现在还是 5000 块。会对自己好一点，但是送礼板块预算会下降。

朱陈松　　我们之前比较扎实，所以虽然受到经济一定的影响，但觉得这是好事。第一，这种影响可控，不害怕。第二，对企业各方面的要求相应都调整提高，借势升级提升。

叶婷婷　　　　不仅是产品，我觉得还有其他好处。第一，由俭入奢易。我们从来是好日子当苦日子过，苦日子真来了，能有什么呢。第二，盘根错节见力气。把它当成一个好时机，逼自己再一次成长。大环境把内功差的企业刷掉，企业内部把不愿意成长的员工刷掉。这是一个非常好的调整组织时机。我其实挺开心的。

将饮茶　　　　这其实是练内功的过程。你们比较欣赏、学习的企业家是谁？

朱陈松　　　　中国是段永平、左晖，国外是乔布斯、马斯克。

将饮茶　　　　在公司经营中遇到问题困难阻碍，找谁交流？

朱陈松　　　　首先是我们两个。

叶婷婷　　　　我们俩是完全不同的脑。

朱陈松　　　　我们两个交流完，找一些相应领域的能解决问题的人。开始做连锁，对管理没一点概念，出了一大堆事，就觉得要提升。开连锁那年，我就找了金钟——艾莱依的品牌顾问——来操盘。当年羽绒服两分天下：北方波司登，南方就是它。金钟把公司做到巅峰三十几个亿，就退了，这是个高人。他认为开连锁要有综合的企业经营意识跟能力，建议我去读书，系统性地学习。

叶婷婷　　在金钟提议之前，我已经在找学校了，想去上海交大读个商学院，他说还不如读复旦，他就是复旦毕业，给我写了推荐信，我就去了。跟他探讨一些市场问题和思考，毕竟他做服装连锁的嘛。

朱陈松　　现在想，中国那个时候，很多企业做起来都是时代使然，并不是说真的很厉害。

叶婷婷　　只是我们太不厉害了。在中国做民企特别难。跟当父母一样，没一个学校教。不是学会了才做，而是你不知道去哪学，学了也不系统。商学院并不系统，是分科教育，最后要完成应用的转化特别困难。企业提升跟人的健康一样，系统性健康才算健康，心脏特别好但肾不好，一样也是不好。肾不好肝就代偿，肝代偿脾就不好，最后心肝脾肺肾都不好。我记得很清晰的某一个时刻：我感到无人可学，只能走一条熹著自己的路。过去看同行在做什么，产品逻辑这些，后来看得越来越少：不是问题解决完就完了，一些问题它永远不会消失。他们的经验对你不再是经验——都是解决心脏问题，但我跟你的不是一个心脏。为跳动而跳动的心脏，和为爬喜马拉雅山的心脏，是不一样的。当你意识到你正在做独一无二的、颠覆性的乃至更伟大的事情的时候，就沉浸到事情里去了。

将饮茶 　跟创业早期比，你俩最大的变化是什么？

朱陈松 　不怕死了。以前坐飞机都害怕。

将饮茶 　这个回答其实就够了。那今年思考比较多的问题有哪些？

朱陈松 　公司的未来。企业组织的社会化、风险。未来这个企业它应该是属于社会的，慢慢地走，怎么走到这一步，现在要开始考虑了。

叶婷婷 　一个是激励机制，第二个就是组织的游戏规则。激励机制只是大的组织体制里面其中的一个板块，还有往更大系统做更深的下探。我做事情喜欢釜底抽薪，要去做彻底改善的部分，也就是人才部分。2010-2020 年的时间，我们把人才密度提上来了，就不会要每天要花大量的时间去沟通一些非常基础的问题。你要试图去改变人的思维方式——让土壤真正形成，把好苗子移进来，只要做这两件事情就可以了。

将饮茶 　人的培养可是特别宏大的目标。

叶婷婷	我不觉得特别难。难点在于你没有找到对的人。目前组织内部没人能跟我一起做，也包括写书这个事。我去学葡萄酒，去读中欧商学院的HEMBA，就是要深入到这个世界里，它有一个西方的参照系，我要找的人是，第一精通西方的体系，第二精通知识结构，第三理解商业。找到之后做出计划，一点一点去做就好了。如果人不对，事永远做不出来；人对了，这个事都不需要5年10年，3年就会出个1.0版本——对茶来说，就是找跨界的、真正爱茶、学习能力又很强的人。
	还有一个，看跟谁聊这个事儿。在你这是卡点，在他那就解掉了。比如茶叶跟葡萄酒的审评，一个是审它的坏，一个是评它的好。啪一下这东西就过去了。你对一个事念念不忘必有回响，那你必然会找到那个东西。这东西做出来之后，它就是行业的基础建设，也就是所谓的"一流企业做标准"。次第有了，结构跟阶梯也有了，人员的认证体系就会出来了。
将饮茶	平时会通过读书来寻找答案吗？
朱陈松	我是不读书的。在路上自己已经想通了。
叶婷婷	企管的书我很少读。
将饮茶	创业挺孤独吧。

| 朱陈松 | 朋友能跟你共鸣的越来越少。最后只剩下喝茶想事了。 |

| 将饮茶 | 创业以来,有没有最难熬的时候,寝食难安那种? |

| 叶婷婷 | 没有。寝和食都还挺安的。但我见过唯一一次老朱的暴走状态。那是 2010-2011 年,老朱跟大股东借钱。财务是大股东派来的,他常不在公司,得有个人监管经营情况,结果印象深刻的一幕出现了:财务到老板办公室跟老板说你要写一张借条。老朱当时一句话没说,我记得陪他默默地走了几条街。 |

| 朱陈松 | 借钱写借条,天经地义。一个是财务态度,一个是大股东电话里的态度,伤害性极强。借钱是约定好的,每次我去开这个口,你又很不情愿,感觉对我很不信任。 |

| 将饮茶 | 一次都没因为工作睡不着觉? |

| 朱陈松 | 都会睡着,该睡还是要睡。 |

| 叶婷婷 | 我不失眠。但脑袋装着事情,会一直想,特别难的时候,都不由自主地恐惧。最恐惧的,就是从头再来了,吃再遍苦受二茬罪那种贫穷。从小到大都有很多期待——不执着不期待,对我来讲是一个很大的功课。人生不如意者十之八九,但过去往往把不如意等同于失败,一次次地面对。在我小时候,失败就意味着活不了。这种内 |

在的恐惧，被外在的所有事情不断放大——我是在一个不断被否定的环境里长大的，否定自我就无异于要一遍遍地自杀重建，对一个特别自卑的人来说，这是件特别崩溃的事情。这点我跟老朱完全不一样。

将饮茶　　有没有考虑过融资，感觉创投模式跟一般茶企、跟熹茗的茶经营方式都是相互违背的。

叶婷婷　　哪里光是茶企？大家谈的都是什么商业模式创新、投资回报率、投资回报周期，然后要短平快，要爆发式增长与暴利。这里面没有一点是跟目前行业逻辑是一致的。企业像一棵植物，冬天堆肥，春天松土拣石播种，夏天除草遮阳浇水，秋天才可能收获，很多第一年还收获不了。

将饮茶　　很少投资机构能忍受这个过程。有人说中国不存在真正的 VC。美国那几个最大的投资公司孵化了半导体，这需要忍耐长期不回报的极度远见。

叶婷婷　　贝佐斯 20 年前写给他股东的那封信，说这就是一个要亏本 20 年的事情。在中国有几个人会做，而且还能说服这些人容许 20 年不盈利？20 年不盈利，然后给你一个全球顶级公司，这才是最厉害的事情。

将饮茶　　如果有机会去其他赛道创业，想做什么？

朱陈松　　　　一定是基于现在这个事业的第二曲线。

叶婷婷　　　　我们现在已经重新创业了。我们把福建茶馆海外的商
　　　　　　　标注册了，从海外往回杀也可能。

访谈编辑：邹蔚、丛二

┃ 杯水之情，就是日复一日将心注入为顾客泡好那一盏茶汤。

朱 熹 传 略 *

鹅湖寺和陆子寿

[宋]朱熹

德义风流夙所钦,别离三载更关心。

偶扶藜杖出寒谷,又枉篮舆度远岑。

旧学商量加邃密,新知培养转深沉。

却愁说到无言处,不信人间有古今。

* 摘编自《理心之间:朱熹和陆九渊的理学》,高全喜,生活·读书·新知三联书店,1992,
2008。全文主体摘自该书第三章,侧重朱熹角度的论述,其中"……"用来标识较大篇幅的
省略,除本条注释外后文沿用原书注释。本文经高全喜教授授权使用。

《历代圣贤半身像册·朱熹》

中国的历史到了宋代，处在一个转折时期。

经过晚唐、五代的混乱局面，公元960年赵匡胤统一了中国，建立了赵宋王朝。有宋一代三百年间，重文轻武，重内轻外，边患一直连绵不绝。也正因为宋代各朝君主重视文治，文化空前地繁荣起来。宋代是中国文化发展的一次高峰。

先秦百家争鸣之后，两汉经学、魏晋玄学、隋唐佛学、宋明理学、明清实学，中国的思想史，后浪逐前浪，在几千年的发展中可谓五色斑斓，光辉灿烂。作为儒家思想的集大成者，宋明理学在塑造民族的思想意识和性格特征方面，具有着不可低估的作用，即便在今天，亦有着深远的意义。理学的出现和开展同时也是世界文化史上的一件大事，它对中国乃至东亚的影响不可低估。

朱熹和陆九渊作为理学的双璧，辉然烛照700年的理学史。在他们两人的其人其学中，可以把握到理学的深邃本质，亦可以领略到理学的整个风姿。对照二人，一个强调虚心以致敬，致敬在认知，一个强调明心见性，收拾精神；一个是虔敬为学的智者，一个是雄姿英发的哲人。两种学问，两种风仪，恰好构成了中国儒学的两极。

宋代很特殊，一方面是内忧外患、皇室不保、空议北伐的政治局面，另一方面是理学家们谈天论道、辨析驳难的学术景观：一方面是横槊赋诗、壮怀激烈，另一方面是空山意远，心静理深。这两种场景、两种风貌既是矛盾冲突的，又是和谐如一的，它们相辅相成，构成了宋代社会意识的两个方面。

在中国知识分子看来，国家的危机是文化的危机，是思想的危机。因此，思想文化的重建在宋代的儒生看来，比国家兴亡更重要。谈天论道、冥思玄想，一点也不比战场上的冲锋陷阵、马鸣风啸更少刀光剑影、激烈悲壮。这一点，是把握宋代社会意识的一个出发点。

理学诸家的理心之辨，理学与事功学派的功利道德之辨，理学与佛禅的真伪是非之辨，它们似乎都不单纯是几个概念的义理之争，几个书生的旨趣之别，几派观点的学术之异。应该看到，它们都是围绕着民族精神而展开论辩的，在那里，有着"为天地立心，为生民立命"的深邃内涵。

■ 武夷山朱熹园

天之上是什么

朱熹（公元1130—1200年），建州龙溪（今江西婺源）人，字元晦，号晦庵，学者称为晦庵先生。

朱熹的父亲朱松，博学多识，为人刚正不阿，曾师从杨时的弟子罗从彦，可谓程门三传弟子。朱熹5岁开始读书，即由父亲教授。

少小的时候，朱熹就表现出非凡的颖悟之资。据记载，他刚能言语，父亲指着天告诉他说：这是天。他就问道：天之上是什么呢？他父亲大为惊异。五六岁的时候，朱熹就对天是什么，天之外有什么等问题提出疑问。可惜朱松在朱熹14岁时就去世，遗命朱熹跟从友人胡原仲、刘致中、刘彦冲三人学习。

木晦之训

于是，朱熹14至18岁期间，直接受学于胡原仲等三先生，在朱熹早年，除父亲外，对他影响较深的可谓这三先生了。朱熹对他们以师礼事之，执礼甚恭，三先生也视朱熹为自己的子弟，善加培养。刘致中后来还把女儿嫁给了他。三先生中，尤以刘彦冲对朱熹影响最大。

刘彦冲少怀奇才,因感时事苍凉,空怀激烈,遂作山林之隐,自号病翁。他对好友朱松的子嗣朱熹爱育有加,他慧眼识俊杰,看出朱熹"幼而腾异",将来必有一番作为,因此"字以元晦,表名之义,木晦于根,春容晔敷,人晦于身,神明内腴"。*

刘彦冲为朱熹取字元晦,即在于强调为学中静养之道的重要。大树草木的春容华茂,乃在其根的深晦潜静。一个人的明光焕发,同样在于心身内部的养修冶炼。因此,为学为人都须立定根本,静养于根,才能茁壮成长,蔚为大观。

刘彦冲的这段训辞,后人称之为"木晦之训"。木晦之训对朱熹一生都有影响。朱熹在 46 岁所写的《名堂室记》一文中,曾提到他为两间书房命名为"韦斋"和"晦堂"。前者纪念父亲(其父朱松号韦斋),后者显然是为铭记这个木晦之训。

三先生的学问以二程洛学为主干,他们都极力推崇儒学,否定读书的目的是应试科举。在当时国家处于危亡之际,他们力主对金抗战,反对议和。但是,三先生连同朱熹的父亲又都有一个明显的倾向,他们喜作山林之隐,沾濡佛老之学较深。例如朱松年轻时喜与隐世之人交往,净悟和尚便是他的好友。

朱熹少年时代努力学习,读《中庸》《周礼》不辍,正像他自己所言,他少时读四书,甚辛苦。年十七、八时,读《中庸》《大学》,每早起,须诵十遍。朱熹又说他少时为学,16 岁便好理学,17 岁便有如今学者的见识。少年

---

*《屏山文集》卷六。

乃至青年的朱熹亦受佛老很大影响，他的思想体系，乃是后来历经曲折，艰苦磨难所成。

儒 与 佛

作为南宋初期的知识分子，朱熹与其父辈同样呈现出内在的二重品格。一方面发愤求学，志于儒道，另一方面又彷徨苦闷，企图在佛老山林寻求避世之途。

朱熹曾自言，他 19 岁赴考，当时看了宗杲禅师的语录，便用禅师的意思去胡说，试官竟为他说动了，遂得举，少年时代的矛盾心情在他的《远游篇》一诗中有所表现。其诗抒发了少年朱熹的雄心壮志，如"朝登南极道，暮宿临太行，睥睨即万里，超忽凌八荒"等句，均表现出朱熹高远超逸的志向。低如"世路百险艰，出门始忧伤"等句，又不难看出尚未走向仕途的朱熹对于世事艰难已有很深的感喟。

朱熹 23 岁时曾作《久雨斋居诵经》一诗，诗云：

> 端居独无事，聊披释氏书。暕释坐累牵，超然与道俱。
> 门掩竹林幽，禽鸣山雨余。了此无为法，身心同晏如。

诗的大意是说端居无事，随手翻阅佛家之书，感到人生如累，不禁产生超然出尘的喟叹。由此可以看出朱熹的心情、志趣及其内在的矛盾。由于父亲早逝，年幼的朱熹对人生已有深切的感触，又受三先生影响，超世隐遁的思想自然萌生。深山、古寺、仙经、道书、释篇成为他心灵赖以寄居的住所。但是，少年热血，深远抱负，儒家之道，又使他不能这样简单地归于宁静。朱熹不是一个不问社会政治的人，现实的动荡、国家的危机使他触目惊心，他又不满那些"无为蝥蠈者，终日守空房"，而要"愿子驰坚车，躐险摧其刚"。

青年朱熹便有着这样一个矛盾的心志。其实，这个矛盾心志是困扰当时一代学人的大问题。朱熹为此反复思考，不断探求，用了整整十年时间才初步理出一个头绪。十年之功，这对朱熹来说，真是一个考验。

圣 贤 书 的 味 道

24岁遇到李侗，在朱熹一生是一件大事。在此之前，朱熹学无常师，且兼学佛老，在人生方向和学问上都感到彷徨。徘徊歧路之际，师从李侗，在李侗的带领下，朱熹才真正转向儒学。

李侗，字愿中，福建南剑（今福建南平市）人，学者称延平先生。他是罗从彦的门人，为朱熹父亲朱松的同门友，罗从彦是程门高足杨时的得意门生。李侗从学罗从彦，前后达40年之久。据记载当时的生活条件十分艰苦，而他能怡然自适。其一生为学慎重凝然，不著书，不作文，安贫乐道，有孔门大弟子颜回的风貌。

李侗早年也是一个个性豪迈、性情急迫的人，饮酒必倾十数杯，夜醉，奔驰二三十里方归。后来从学儒道，豪兴收敛于中，其行徐缓，虽然只有一二里路，也像室中那样从容慢步。寻常人叫人三声不应则声必厉，他能一直平常如初地叫人数声。可见李侗的静养之功，躁动之心早被他练得平淡如秋水。朱熹后来曾评价：古人云终日无疾言遽色，他真个是如此。

李侗的思想承继杨时一派，认为天理人欲混杂而来，只有与现实生活作一隔离，默坐独慎，澄明心境，才能从滚滚而来的心际欲念中体察出天理。能默坐澄心，体认天理了，在现实生活中才会不受阻隘，潇洒自如，怡然自得。

李侗的思想颇为深邃，朱熹从学李侗，但未必全部接受他的思想，从朱熹后来的成熟理学思想来看，甚至与李侗之学相去甚远。但是，李侗对朱熹的影响还是不可低估，最突出的一点在于李侗导引了朱熹处于歧路之际的思想，使他真正归于儒家一脉。朱熹后来回忆说：

> 李先生为人简重，却是不甚会说，只教看圣贤言语，某遂将禅来权倚阁起，意中道禅亦自在，且将圣人书来读，读来读去，一日复一日，觉得圣贤言语渐渐有味，却回头看释氏之说，渐渐破绽，罅漏百出。*

朱熹思想的转变，在其诗作中也明显表现出来，26岁所作《试院即事》云：

> 端居惜春晚，庭树绿已深，重门掩昼尽，高馆正阴沉。
> 披衣步前徐，悟物怀贞心，澹泊方自适，好鸟鸣高林。

---

*《朱子语类》卷一〇四。

若将此诗与前几年所作的诗相比,明显看出不同的情怀。昔日的那种矛盾冲突的心曲,那种追求远游激烈、向往钟声古刹的情绪淡化、消失了。在春天的晚上,庭前绿树浓茂,掩上房门,披衣漫步,那是一种多么逍遥自得、怡静自适的心境。经过十年不定迂回的思索,在李侗的引导下,朱熹已经走向成熟。

鸢飞鱼跃之时

29 岁时,朱熹以奉养双亲为理由,请求祠职,差监潭州(今湖南长沙)南岳庙。

当时的奉祠之制,其实是一种虚职。它官无职守,有禄无事,住地随便。一些志于儒学的儒生大多愿任此职,以便获得俸禄,并有时间专门从事研究、著述和讲学活动。朱熹一生除有七年为官和晚年学禁之外,大部分时间任职于奉祠,达 21 年之久。

朱熹 31 岁时,正式受学李侗,朝夕往来受师指教,数月而返,经过李侗的指教,朱熹思想大有转变。

朱熹后来曾用"鸢飞鱼跃"四字概括他这一思想的转变。他手书的"鸢飞鱼跃"匾曾悬于他到南平谒见李侗时居住的塘源李子坑西林院,由此表示他转向儒学,并对先师教诲永远不忘之怀。

长 沙 之 游

朱熹师从李侗，可惜还未臻于化境，李侗即病殁。幸而不久之后朱熹遇到了张栻，使他的思想又有一次大的跃进。

在朱熹的思想发展中，他与张栻的交游、切磋是极为重大的转机。他们在学问上长达多年的相互论究相互影响，使朱熹受益匪浅。朱熹在其中年苦学冥索、披沙探金之际，能有这样一个良师益友在旁扶持砥砺，真是天赐其成。

从学李侗，主要是清除朱熹早年思想中所受佛老的影响，使其归于儒学。而朱熹与张栻的交游，则是义理上相互补益，在争辩探讨中对儒学的一些根本问题获得真切的体悟。

……

张栻作为湖湘学高足，不同意李侗的默坐澄心之学，主张先察识后涵养。在他看来，默坐澄心求未发之中，无法展示未发之中的天下大本。在现实中，心即是已发，如果抛开已发，专求未发，那么未发也就不可求了。因此，为学之道在于先觉察，先体认，在践履中求大本，在人伦日用处做工夫，朱熹在此期间，受到张栻的影响，也主张先察识后涵养，认为李侗的默坐澄心，缺乏平日察识这段工夫。

困 学 求 道

朱熹38岁之前，著述不多。30岁校定《上蔡语录》；34岁，完成《论语要义》《论语训蒙口议》，这两部著作便是后来《四书集注》的前身。

38岁时的长沙之游，使他回过头来细究以前所学。39岁编定《程氏遗书》。40岁，悟中和旧说之误，成中和新说。自此之后，著述极勤，几乎每年都有数部著作问世。40岁至50岁，是朱熹的辉煌时期，也是他中年困学求道的结晶，其时硕果累累，所谓朱熹理学即完成于此。

43岁，正月，编定《论语精义》。二月，著《资治通鉴纲目》，与朱熹共同完成此书的还有弟子赵师渊等人。十月，《八朝名臣言行录》24卷成。十二月，《西铭解义》成。

朱熹曾说有一次他登云谷山，登至半途下起了大雨，通身全被淋湿。到了山头，便不禁想起张载《西铭》中的一句话：天地之塞吾其体，天地之师吾其性。当时与他随行的还有友人同学，他触景生意，觉得自己有所悟，便作了《西铭解义》。对于《西铭》，二程备加推崇，朱熹为之作解，实是有感而发，意味深远。

44岁，四月，《太极图说解》《通书解》成。六月，《程氏外书》成。同月，《伊洛渊源录》成，此书可谓第一部理学史。

45 岁，编次《古今家祭礼》。

46 岁，五月，与吕祖谦共编《近思录》。七月，作《云谷记》。

48 岁，六月，《论孟集注·或问》成。十月，《周易本义》成，《诗集传》成。

朱熹自己曾说，他学习《中庸》《论语》《孟子》诸文字，皆是 50 岁以前做了，50 岁之后，长进并不甚多。

中 和 旧 说

朱熹中年困学求道的思想历程中，有几次重大的变化，它们构成了朱熹理学的里程碑。

中和新旧之说的转变标志着朱熹从青年至中年思想的过渡，是他独自探究儒学的一个新起点。

朱早年受学的李侗，系杨时的二传，程氏的三传。程门自南宋以来，有诸多派别，杨时——罗从彦——李侗这一传承系统一般称之为道南学派。

道南学派极力推崇《中庸》的中和思想，主张以心体悟未发之际，即可见证中之真义。所谓体验未发，就是超越一切现实的思维情感，达到与内心澄明之境的契合。它是一种超验的直觉，一种特殊的心理状态，其宗旨多少有些神秘色彩。朱熹初与李侗学，便是沿着这一体系，求喜怒哀乐未发之旨。

37岁时，朱熹曾有一日喟然而叹后，对中和问题萌发一解，学者一般称之为"中和旧说"。是年为乾道丙戌，故又称丙戌之悟。此见解受张栻湖湘之学影响较大。三年后，朱熹在与友人论辩中和问题时，发现旧说有着重大的失误，于是独求新见，学者称之为"中和新说"，又称己丑之悟。新说已经超出湖湘之学的樊篱，为朱熹的新创，也是朱熹理学的基点。

在中和旧说中，朱熹认为人生从幼儿到老死，无论是语默动静，心的作用从未停止过。因此，无论何时何地，何情何境，心的流行活动不已，只要人生存，心的活动也就存在。这样，所谓心之未发也就不可能有了，心总是已发的流动状态。到底那个心之未发是什么呢？显然，不再是心，应该是性。性者，心之体，它是内在的，深隐于已发之心背后，只有它才是真正寂然不动的。朱熹中和旧说的思想与李侗不同，不把心分为已发未发两个阶段，而认为心为已发，性为未发，显然与湖湘胡氏之学相一致。

……

勇 猛 精 进 的 十 年

朱熹从40岁创中和新说到50岁差知南康（今江西南康）军，绝大部分时间居住在崇安的武夷山和建阳的云谷。这些年间，朱熹的友人蔡元定帮

宋朱熹書

熹頓首

老懒少府兼意外事三易

表当時想

光壽信我遐思黔中名胜

之地善雲山崇苑峰势泉

助他建造了一系列建筑物，如晦庵草堂、鸣玉亭、怀仙台、挥手台、云社、赫曦台、休庵等。朱熹困学求道之余，经常登游云谷，略抒情志。他所栖居的寒泉精舍，既是他读书讲道的学校，又是编书著述的山馆。他和弟子们生活于其间，日观白云野鹤，夜听风林涛声，箪食瓢饮，风乎舞雩，别有一番情趣。

这十年又是朱熹困学求道的十年，辨究论理的十年，也是勇猛精进的十年。其间，朱熹呈现了多方面的精神努力，思想建树空前卓绝。

朱熹理学，就在这十年中成长与完成。青少年的游学漫读、广接佛老和内心冲突，在中年苦求儒道的岁月中得到洗礼、锤炼和培育。十年的努力，终于完成了朱熹自身的建设。所谓卓然一家，并不是凭空产生的，十年磨一剑，也就在于此。从早年的人生感悟到接近佛道的空寂无为，从高歌远游的雄心壮志到服膺道南指诀的澄然心境，从长沙之游的中和旧说到寒林精舍的己丑之悟，从辨疑去误的《知言疑义》到颖然独创的《仁说》新篇，从阐扬弘发的《西铭解义》到探幽揽胜的《伊洛渊源录》……我们看到朱熹理学这棵大树蔚然成长壮大起来。

从义理上说，朱熹理学是程颐之学的弘扬光大。程氏之学经过曲折迂回，最终还是在朱熹那里达到了顶峰。因此，完成程颐一脉理学的义理框架，雄壮多姿，致广大尽精微，这是朱熹十年的努力之功。

在这十年中，朱熹依照性理之学，重新建造了儒家的传统。他作《太极图说解》《通书解》《西铭解义》，编《程氏遗书》《近思录》，撰《伊洛渊源录》，这一系列工作都是围绕着重建儒道传统来展开的。

在当时并没有周敦颐、张载、二程这样一个清楚明了的承接关系和义理框架。初期的宋代学术，百家争鸣，二程并不特别推崇周敦颐，张载之学且已后继无人。惟有朱熹站在宏大的历史基点上，以儒家学说的精义为尺度，对这段学术思想分脉厘定，指出濂洛关学为宋代学术的正宗，是孟子以后的直接承继。至此，宋代理学呈现出一个师承递进、圣道延续的内在逻辑。它上承孔孟，下至朱熹，儒家精神在此弘扬光大。朱熹通过重建传统的努力，不仅为儒学的发展指出一条学道昌盛的路线，而且也为自己的理学奠定了深厚的根基。濂洛关闽，这一上承孔孟的儒学传统，不但在当时独占鳌头，亦为后世所遵循接受。这一功劳，当记在朱熹名下。

愈老弥坚

淳熙六年（公元 1179 年），朱熹 50 岁的时候，赴南康军任，开始他的晚年生活。

朱熹的晚年不但学问上炉火纯青，而且为人中正谦和，志向高远，临危不惧，乐以忘忧，自有一番弘儒风范。

从政的几年

朱熹从政的时间，其门人黄干曾有"仕于外者仅九考"的说法，其实，朱熹的从政进仕大致只有七年。

朱熹考取进士后，22 岁曾被任命为泉州同安县主簿，25 岁离任。自同安归，朱熹弥乐于儒道，对进仕为官非常淡漠。其后 23 年，以养亲为由享受奉祠之职，从事他的学术活动，直到 49 岁知南康军（地方行政长官）。

南康期间，朱熹的治绩主要是安定民生和教化民心。其时，浙东发生饥荒，朱熹主持救灾，奔波各地，革新不当的措施。他的心迹在《夜坐有感》诗中可见一斑。诗云：

> 秋堂天气清，坐久寒露滴。幽独不自怜，兹心竟谁识。
> 读书久已懒，理郡更无术。独有忧世心，寒灯共萧瑟。

朱熹注重教育，为政期间，复建了白鹿洞书院，兴学授徒，阐扬儒学义理。白鹿洞书院为宋代四大书院之一。四大书院的嵩阳书院在河南开封，岳麓书院在湖南长沙，应天书院亦称睢阳书院在河南商丘，白鹿洞书院在江西庐山五老峰下。唐朝诗人李勃隐居于此，曾以白鹿自娱，白鹿洞书院因此得名。唐代以来，由于社会动乱，白鹿洞书院破坏严重。朱熹为南康军郡守，多次亲访遗址，着手予以修复。经过两年多的兴复修葺，白鹿洞书院面目一新，成为当时"海内书院第一"。朱熹此举是对我国教育事业的一大贡献，受到世人的称赞。今天，朱熹亲手栽植的丹桂还在白鹿洞书院中郁郁生香。

朱熹对民风教化特别予以关注，先后多次寻访前贤遗址，建立了周敦颐祠和五贤堂。他力求按照儒家的德治理想治理事务。在他看来，施政治国不能就事论事，各色人等都强调自己的私利，必须从天地之理的角度出发，把宇宙看成是一个大家庭。朱熹极力推崇张载《西铭》"民吾同胞物吾与也"的泛爱思想。在社会这个大家庭中，每个人都有自己的地位和责任，仁爱是人们之间联系的纽带，每个人皆是我的兄弟，天地万物皆是我的朋友。

光宗绍熙元年（公元1190年）朱熹到漳州（今福建九龙江一带）任职，前后只有一年。绍熙五年（公元1194年），被任命为知潭州（今湖南长沙）兼荆湖南路安抚使。朱熹在潭州任职仅二个月，在那里修复岳麓书院，讲学传道。

同年，朱熹就任焕章阁待制兼侍讲、由于朱熹通过向宁宗皇帝进讲的机会，按自己的理想和见识对朝政多有进言，因此引起宁宗皇帝和执政的宰相韩侂胄的不满，结果只40天就被免职。这是朱熹的第六次从政，也是最后一次从政。此时朱熹已65岁。

免职的第三天，他随即离开当时的首都临安，回到考亭他的精舍，在寒风秋雨中思考他的义理之学。

庆 元 学 禁

几次为政的间隔期间，朱熹除两次出游泉州和福州外，大部分时间闲居在崇安的武夷山和建阳的云谷、考亭。

54 岁冬十月，朱熹出游泉州。十一月登南安县的九日山，将沧桑之叹寄情于山水文字。今天，九日山莲华峰的不老亭和廓然亭还存有朱熹唱和诗的摩崖。

58 岁时，朱熹再次出游福州，在鼓山涌泉寺，朱熹书写的"天风海涛"四字，刻在大顶峰的盘石上，至今依然存在。

朱熹任职期间，曾奏劾了许多为非作歹的不称职的官吏，为此得罪了一些人。其时，韩侂胄专权，对朱熹的理学颇为不喜，认为其学论虚蹈空，不着实际，加上朱熹为人刚正，不善阿谀，因此，朱熹及其学派被诬为伪学，受排挤和攻击。

庆元二年（公元 1196 年）八月，朝廷正式下诏禁止道学，检察御史胡纮上疏罗列朱熹十条罪状，诬朱熹为伪学罪首。于是，朱熹被褫职落祠，道学遭到弹压，友朋门人弟子近 60 人被列入伪学逆党之籍。史称"庆元党禁"或"庆元学禁"。对于韩侂胄等人的欺压诬蔑，朱安然若素。《行状》曾记载（今译）：

> 在韩侂胄权势日张的时候，一些鄙夫金人，都以朱熹的道学为伪。按照他们的意思，贪黩放肆，才是人的真情。廉洁好礼，反而被他们诬蔑为伪，真是黑白颠倒。真正的儒生，他们的文章议论根于经典义理，此时无以容身；那些只会阿谀，本性怯懦的人连忙更名他师，路过先生之门而不入。有的为了摆脱干系，甚至变换衣冠，狎游市肆，以自别其为非党。对此，先生视而不见，终日与学生讲学于竹林精舍，有人曾劝他将众弟子遣散，他笑而不答。

朱熹似乎早已参透人世的波谲变幻，在他看来，天理圣道自然如日中天，些许阴风浊雨又能遮掩几时呢？在一首诗中他写道：

> 我穷初不为能诗，笑奈吹竽滥得痴。
> 莫向人前让分雪，世间真伪有谁知。

是啊！世间的真伪不在一时的升降浮沉，而在宇宙人心的极处，在天道的幽然深邃之中。

晚年的朱熹特别喜爱陶渊明。对于陶诗，朱熹自有一番与众不同的见解。一般人皆以为陶渊明的诗平淡闲逸，独朱熹看出他的豪放有力，只是豪放得出于自然，不为察觉。朱熹曾说隐者多是带性负气之人，独陶渊明乃有为而不能者也。有为而不能为，这其实也是朱熹自己的慨叹。

> 朝开云气拥，暮掩薜萝深。自笑晨门者，那知孔氏心。

在看似平淡的诗里行间，呈现着激荡冲盈的心志，这不分明是朱熹晚年的写照吗？

已臻化境的义理

从政治上看，朱熹的晚年是苍凉的，"庆元党禁"使得他东奔西走，连生命几乎都难保。在精神生活中，他却老当益壮，昂然冲和。在此期间，他不但完成了大量的著述，授徒近千人，而且他以天理为归依，纵横驳论，指点江山。

朱熹的中年苦究时期，其理学思想已经趋于成熟，然那时的著作毕竟带有挣扎跋涉的痕迹。正像二程评议张载所说的，朱熹也有一些"苦心力索之功"。

晚年的朱熹，其思想却是另外一番气象，正如高山流水，水到渠成，他的理学已臻化境。在平实自然的论说中，隐藏着最深邃的义理。所谓微言大义，即是如此；所谓从容涵泳，亦是如此。

在武夷山的武夷精舍，朱熹著述了一些重要的著作。57岁，春三月，《易学启蒙》成。同年秋八月，《孝经刊误》成。58岁，春三月，《小学》成。同年及翌年，展开辩陆学，对陆氏心学予以批判，《答陆子美》和《答陆子静》等十一封书信写成。

60岁序《大学章句》，序《中庸章句》。61岁《四经四子书》成。四经指《书》《诗》《易》《春秋》，四子指《大学》《论语》《孟子》《中庸》。66岁《楚辞集注》成。

"庆元学禁"前后，直至71岁病逝，朱熹著述不辍。在云谷、考亭期间，先后完成了《孟子要略》《仪礼经传通解》《韩文考异》《通鉴纲目》《周易参同契考异》《书集传》等著作。除此之外，朱熹还留下了《文集》一百卷，《续集》十一卷，《别集》十卷。朱熹的门人后学九十多人记录下他的讲学问答，后人编成《朱子语类大全》一百四十卷。

朱熹在武夷山种茶、论茶，提出以茶修德、以茶明伦、以茶喻理。

总括朱熹的著述，可谓恢弘博大，灿烂辉煌。其中尤以《论语集句》《孟子集注》《大学章句》《中庸章句》最为杰出，后来四部著述结为一集《四书集注》。《四书集注》是朱熹思想的精华，也是传统儒家文化的结晶，它在宋明以后被抬高到不可企及的位置，不仅成为科举的教科书，而且也是整个社会道德意识和伦理行为的总归依和终极标准。

……

穷 天 下 理 ， 做 天 下 事

朱熹在一生的理学论究中，认识到人之异于物者，在于人具有内在的道德本性。这个道德本性是高高在上的天理，用今天的话说，是超越的形上本质，它对欲望喜恶等人之情欲具有绝对的统辖作用。

天理人欲是一对矛盾，它们贯穿在体用、中和、性情、静动、未发已发等各种关系之中，在此，天理是主宰和统帅。朱熹说：

> 天理流行，触处皆是：暑往寒来，川流山峙，父子有亲，君臣有义之类，无非这理。*

关于天理，二程便已体贴出来。朱熹进一步发展了程颐的观点，认为对天理的把握不在寂然的禅思，而在现实的践履活动，在格物致知中实现。朱熹特别看重这一点，他认为格物致知是《大学》的核心观念。在《大学章

句·序》之前，朱熹曾作《杂学辨》，把批判的锋芒指向北宋以来的几位出入佛学的学者，对程门一些弟子的引禅入理颇有微辞。他曾写道：

> 大学之序将欲明明德于天下，必先正心诚意。而求其所以诚意者，则曰致知格物而已。然自秦汉以来，此学绝讲，虽躬行君子时或有之，则无曰致知格物云者。**

大意是说：大学的为学之道是须先正心诚意，然后明明德于天下。所以能够达到诚意，须先致知格物。然而秦汉以来，这个为学顺序早已没人说了，虽时或有人躬行践履，但从未有人讲起格物致知。

天理在朱熹看来，无所不在，一理分化为天下万理，儒者的责任并非仅仅埋头独悟，寂然沉思，而应该去格物，去致知，去穷天下理，去做天下事。格物之格，即至也，格物而达到物了，也就穷物致知，获得了知识。如果今日格一物，明日格一物，日积月累，终有一天可以达到"一旦豁然贯通"，了悟到伦理本性而贯彻到自己的道德行为中。朱熹说：

> 所谓致知在格物者，言欲致吾之知，在即物而穷其理也。盖人心之灵，莫不有知，而天下之物，莫不有理。惟于理有未穷，故其知有不尽也。是以大学始教，必使学者即凡天下之物，莫不回其已知之理而益穷之，以求至乎其极。至于用力之久，而一旦豁然贯通焉，则众物之表里精粗无不到，而吾心之全体大用无不明矣。此谓物格，此谓知之至也。*

---

*《朱子语类》卷九十四。
**《朱子文集》卷七十四。

朱熹的这段话说得极明确,他在晚年所着重阐述的义理,便是这样一种理性主义的致知为圣之学。在他看来,天理与人性交相契合,人要达乎圣道,必须格物致知,在日常生活的践履中实现天理的内在要求。所谓天人合一,不是抽象的,而是具体的,它在"豁然贯通"之处呈现出宇宙人心最内在的幽秘,那是天理的光辉,亦是人心的灵明。

……

致 知 与 力 行

在朱熹看来,格物致知并非单纯为了使人明了竹子、椅子、麻麦稻粱的道理,而是为了使人明察人际伦常的道德本性,认识到天理人欲的关系,并从而把仁义礼智视为言行的尺度,行动的指南。这样,朱熹的格物致知便与道德践行紧密联系起来了。知行问题,是中国哲学的一个老而新的问题。早在孔子《论语》那里,就有论及知行的言论,在近代,孙中山先生的"知难行易"说已为世人皆知。朱熹的观点大致是知先行后,他认为,只有先知道事物的规律法则,才能做出符合道理的行为。例如,人必须首先了解什么是道德的本性,道德的原则,才能在行为中做出合乎道德的事情,成为一个有德之人。

有一次,一个叫王子充的弟子问道:"我以前在湖南见一先生,他只教导学生去践履。"

---

*《四书集注·大学》补五章。

朱熹说："义理不明，如何践履呢？"王子充答道："那个先生说行得便见得，在践履中自然明了义理。"

朱熹说："如人行路，不见路，他如何行走呢？"

朱熹多次强调，知先行后并不是让人在知与行之间分割开来，其实，真正的知便是努力的行，真知与力行两者是合二为一的，人一旦在心中自觉到其内在的道德本性，达到真切的知识，那么他必然会付诸于行，在具体的行为中实现完美的道德人格。格物致知与道德践行是朱熹思想方法的两个要点，它们是一致的，互为依据的。

……

尾 声

朱熹去世后，他的学说广为流传，他也被抬进了孔庙，成为不可企及的圣人。但是，圣人也是一个人，纵观朱熹的一生，其人其学，并不是后来儒生所描写的那样一个不近人间烟火的道学先生，而是一个有血有肉的活人。在他身上，闪耀着东方智者的灵光，而在这中正祥和的灵光之下，谁又知道它深藏着多少努力的艰辛和激烈的冲荡呢？

……朱熹属于大器晚成的人，这一点与德国的大哲学家黑格尔十分相似。他们都天赋奇高，睿智卓识，但他们学术思想的成熟和完善，却非一蹴而就，英年早成。与陆九渊等人的天纵我才，雄姿英发相比，朱熹更笃实凝厚，呈现出一番艰难历程、困苦岁月所锻造出来的坚毅之气和砥砺之功。所谓天将降大任于斯人，苦其心志劳其筋骨，使其广见多识，增益其所不能，这在文化思想领域亦同样如此。朱熹的理学是其一生探索的结晶。

朱熹理学的出现，无疑属世界思想史上的大事件。作为宋代理学的集大成者，朱熹为宋明理学确立了一个坚不可拔的基础，使中国传统的儒家精神发扬光大。在尔后700年之久的历史岁月中，朱熹理学对中国文化，对中华民族的精神意识，乃至对东亚各国思想文化的影响，都是深远巨大的。

余音：民族精神的重铸

"昨夜西风凋碧树"，这似乎是理学在近代意识历程中的写照。自从经过启蒙思潮，特别是五四新文化运动的冲击，程朱陆王理学皆已失去了昔日的光彩，仿佛已作明日黄花。

然而，经过近百年的风风雨雨，在今天，当我们重新回过头来考察一下宋明理学，回顾一下理心二学在700年中的消长沉浮，自然会产生一种颇为复杂的情感。

我们不禁要扪心自问：中华民族在其思想意识的发展中，到底是否需要启蒙的精神，中国近代的启蒙思潮到底完成了没有？……

与启蒙意识相联系，中华民族还面临着另外一个问题，即民族精神的重铸问题。同样无庸置疑，中国的传统文化并非一无是处，孔孟之道和宋明理学，仍有着不可低估的价值和意义。民族精神的重铸，从深层的意义上说，就是儒家精神的重铸和弘扬。正是基于这一体认，产生了现代的新儒学。

所谓现代，显然很清楚，它不是远古儒学的重现，亦不是宋明理学的照搬，而是在现代社会、现代文化背景之下的儒学新创。现代新儒学坚定地认为，儒家精神乃是中华民族意识的精髓，它在今天具有绝对的价值。新儒家们认为，惟有中国的孔孟之道、宋明理学才是拯救世界于危难之中的价值体系和道德思想。

现代新儒家认为儒学分"内圣""外王"两个方面。"内圣"，指道德修养方面的学问，"外王"，指政治经济方面的学问。在"外王之道"方面，儒家显然落伍于西方的民主制度和法制思想。但是，在"内圣之道"方面，儒家思想却有着不可比拟的优越性，具有永恒的价值。"内圣之道"是儒家精神的核心，它通过自我的道德修养，达到天人合一的崇高境界。"内圣之道"呈现了一个道德的形上学，从而实现出一种完满的人格，它对中华民族精神的重铸具有重大的意义，即便对西方文化，亦会有深远的影响。

从本世纪初时到今天，中国的思想历程大致已经行走了近百年。其中启蒙思想和新儒学思想是两个主要的思潮，现在看来，它们的使命都还没有完成，道路都还很漫长。

启蒙思想和新儒学思想看似矛盾对立，势不两立，其实它们从根本上乃是一致的，都是中国人在寻求民族崛起的途径。只是恰恰表现为相辅相成的两极，一个在破，一个在立，一个从西方文化中来，一个到西方文化中去。可以说，启蒙实现之时，便是儒学昌盛之日，儒学昌盛之日，便是启蒙实现之时。

中国的儒学已有几千年的历史，现在还不能说儒学精神就是指向着未来，但毕竟我们从现代新儒学中看出一个契机。这是一个地地道道的中国人在说着一种地地道道的中国话。

在这些话语里，我们仿佛又看见了朱熹、陆九渊，仿佛又听见了鹅湖之会的论辩。我们这才发现，几百年前的那场论辩并没有完结，或者说，那只是个开场白……

主要参考文献：

周敦颐《周子全书》，万有文库本。

《张载集》，中华书局 1978 年版，北京。

程颢、程颐《二程集》，中华书局 1987 年版，北京。

朱熹《朱子语类大全》，明刊本。

朱熹《四书章句集注》，清刊本。

朱熹《朱文公文集》，四部丛刊本。

《陆九渊集》，中华书局 1980 年版，北京。

杨简《慈湖遗书》，四明丛书本。

王守仁《王文成公全书》，四部备要本。

李贽《焚书·续焚书》，中华书局 1975 年版，北京。

黄宗羲、全祖望《宋元学案》，四部备要本。

黄宗羲《明儒学案》，中华书局本。

慧能《坛经对勘》，齐鲁书社 1981 年版，济南。

普济《五灯会元》，中华书局 1984 年版，北京。

侯外庐等《宋明理学史》，人民出版社 1984、1987 年版，北京。

高令印《朱熹事迹考》，上海人民出版社 1987 年版。

李泽厚《中国古代思想史论》，人民出版社 1985 年版，北京。

陈来《朱熹哲学研究》，中国社会科学出版社 1988 年版，北京。

蒙培元《理学范畴系统》，人民出版社 1989 年版，北京。

钱穆《宋明理学概述》，中华文化出版事业委员会 1977 年版，台北。

钱穆《朱子新学案》，三蜀书社 1986 年版，成都。

刘伯骥《宋代政教史》，台湾中华书局 1971 年版，台北。

牟宗三《心体与性体》，正中书局 1969 年版，台北。

牟宗三《从陆象山到刘蕺三》，学生书局 1979 年版，台北。

唐君毅《中国哲学原论·原性篇》，学生书局 1989 年版，台北。

蔡仁厚《宋明理学·南宋篇》，学生书局 1980 年版，台北。

刘述先《朱子哲学思想的发展与完成》，学生书局 1984 年版，台北。

董金裕《宋儒风范》，东大图书公司 1979 年版，台北。

卓吾云三綱領
中止至善為要
故又抽出言之

大學李卓吾批評楊復所批點輯諸名家評

子程子曰。大學孔氏之遺書而初學入
德之門也。於今可見古人爲學次第者。
獨賴此篇之存而論孟次之學者必由
是而學焉則庶乎其不差矣。

大學之道在明明德在親民在止於至善知
止而后有定定而后能靜靜而后能安安
而后能慮慮而后能得物有本末事有終

普也終日乾乾反復道也踐行之意反復重複或

躍在淵進无咎也可以進而不必進也飛龍在天

大人造也造猶作也亢龍有悔盈不可久也

用九天德不可爲首也言陽剛不可爲物先故六陽皆

變而吉。天行以下先儒謂之大象。

潛龍以下先儒謂之小象後放此

地勢坤君子以厚德載物地坤之象亦一而已故不

编后记

《杯水之情》成稿过程比较特殊，对谈我们全程都在。尽管近几年我们在茶领域做内容和出版，但从没这么细致全方位的了解整个产业，可以说细致到了毛细血管，是很珍贵的机会。初稿的深度对谈对象有 20 多位，总时长 150 个小时以上。一开始我们是抱着了解一种生意和商业模式的状态来工作，但期间不停冒出让人眼前一亮的话，好几次对谈完，我们都有脱胎换骨的感觉，觉得这不是商业访谈，是听老朋友推心置腹讲人生。

落笔成书常常是内容不够，但这本书编辑过程的难题是怎么删。收录到书里资深茶客的话不多，但还有客人说"'柴米油盐酱醋茶'的'茶'，和'琴棋书画诗酒茶'中的'茶'不一样，前者是生活必须品，是口粮，后者是鉴赏和审美用的。"；"能喝茶的人比那些只能深夜坐在车里听音乐或上楼的男人要幸福一些。"；一位老先生看我们不懂茶这个饮品的特殊性提醒道"喝茶时能坐下来长时间相处，这对深入交流很重要。"我不知道有什么服务业的客人可以说出这样的话。有店长说"年初的时候，一位客人（朋友）的父亲去世了，店长代表店里出席了仪式。虽然礼金不多，但这是一种像家人一样的关怀。"我们也没见过和用户有这么深联系的生意；前一天店长访谈"所有大单都不是以销售为目的的销售"，第二天客人说"在这里喝茶，没有感受到那种非常明显的销售痕迹，我觉得这个很重要"。跟设计师小波交流，他说"茶产业是人到中年的审美，饱和度特别高的颜色用得特别多。"一句话解释了我们一直以来对茶包装样式的困惑；"'枞宗'设计上不突出名字，而是突出味道。"用材料和工艺来表现产品的味道的设计师不多吧？

熹茗的对谈在很多向度我们都看到了极致：茶馆——客人彼此深切的关系和信任，从对产品和服务极致的思考到重构整个产业的工作逻辑，这种程度的洞察我们只在左晖对地产业的思考里看到过类似的，他给房地产业带来了一次生态变化级的大地震。

历史学家布罗代尔晚年说，现在的 90% 是由过去造成的，人们只在一个极小的范围内活动，却误以为是自由的。他也很多次表达过对事情记述的真实不仅需要事实的准确记录，还在于揭示事实背后的结构性力量。婷婷和老朱十五年的创业实践也让我们有相同的体会，他们做的事已经过了表面这一层。茶行业看起来似乎变化很大，企业很多各个不同，但深入水下，就会发现基本面变化微小，所幸一些根本的转变正悄无声息的发生。我们很开心有机会通过编辑出版一本书来见证新物种的诞生。

有位熹茗的资深茶客，对我们做的工作有个疑问："你很难用文字让不喝茶的人，去了解这泡茶的味道是怎么样的，你们是怎么做的？"这是对关于茶的内容工作发出的天问。相较而言，我们过去和茶的接触都是比较片面和表层的，停留在茶、器物和个人身上，这次出版过程对熹茗是总结再出发，对我们是深度亲近行业的机会。

记得最后一次对谈结束已经是深夜，老朱对我们说，将饮茶半只脚进入了茶行业。我们希望将饮茶成为行业的自己人。

将饮茶 CHA

福建茶馆，是煮茗探索茶馆新业态的实验场。

内文图片由熹茗提供

将飲茶

出 版 人 景雁

策划编辑 景雁

责任编辑 张静乔 钱凌笛

特约编辑 丛二 邹蔚

装帧设计 一千遍

责任印制 陈美艳

寒夜客来茶当酒

竹炉汤沸火初红

扫码关注「将饮茶 CHA」